SUPERCOLLECTIF

Émile Servan-Schreiber

Supercollectif

La nouvelle puissance de nos intelligences

Fayard

Couverture : le petit atelier

ISBN : 978-2-213-71007-5

Dépôt légal : octobre 2018

À Maurice Balick, mon autre cerveau

CHAPITRE PREMIER

Le défi supercollectif

> « Rien dans l'univers ne saurait résister à un nombre suffisamment grand d'intelligences groupées et organisées. »
>
> Pierre Teilhard de Chardin

La magnifique termitière dans la photo page 11 est d'autant plus étonnante qu'aucune des minuscules cervelles qui ont participé à sa construction n'est capable d'en imaginer l'architecture complexe. Toute ressemblance avec la cathédrale Sagrada Familia à Barcelone est purement fortuite, comme l'a noté le philosophe Daniel Dennett[1]. Pourtant, la masse des termites semble dotée de sa propre intelligence, bien plus formidable que la somme des capacités intellectuelles des individus qui la composent.

Un neurone est une modeste calculette capable d'arithmétique simple ; il faut en assembler plusieurs

1. Dennett, D. (2018) *From bacteria to Bach and back : The evolution of minds*. Norton.

centaines de milliers pour constituer une cervelle de termite. Mais une centaine de milliards d'entre eux réunis dans le cerveau de l'architecte Gaudí ont conçu la fameuse cathédrale.

Ces exemples illustrent les deux grands principes de l'intelligence collective. D'une part, le nombre fait la force. Cent mille termites peuvent accomplir ce qu'aucun ne peut concevoir ; cent milliards de neurones peuvent toucher le ciel. D'autre part, le nombre n'est pas tout. Un cerveau humain contient moitié moins de neurones qu'une large colonie d'un million de termites[1] ; la différence de génie résulte de la densité des connexions et de l'organisation du réseau.

Mais même le génie d'un seul homme ou d'une seule femme ne vaut pas grand-chose face aux mâchoires d'un lion dans la savane. Si le genre humain a pu survivre et dominer la planète, il le doit à son intelligence *collective* : en groupe, on peut décourager le lion ou chasser un mammouth. On peut partager et transmettre les connaissances, échanger des outils, se spécialiser… et même dégager du temps libre pour réfléchir, découvrir, innover.

1. Il y a au moins 200 000 neurones dans une cervelle de termite, et jusqu'à 1 million de termites dans une colonie, ce qui donne 200 milliards de neurones. En comparaison, on estime qu'un cerveau humain en possède 86 milliards.

Figure 1.1 : Une termitière étonnante photographiée en Australie en 2017 par la naturaliste Fiona Stewart. En règle générale, les termitières ressemblent plutôt à de simples gratte-ciel ; celle-ci est une exception. On pense que son architecture saisissante est le fait d'un cataclysme suivi d'efforts effrénés pour la reconstruire au plus vite. (© Fiona Stewart, DR.)

L'accélération

Au cours de la longue histoire d'*Homo sapiens*, différents groupes d'humains ont fait preuve de plus ou moins d'intelligence collective. On mesure celle-ci à l'aune de la complexité de la culture ou des technologies acquises. Quand on trouve la trace préhistorique d'un progrès culturel ou technologique, doit-on forcément en déduire un accroissement des facultés cognitives des individus ? Les modèles anthropologiques récents invoqueraient plutôt des effets de taille et de densité des populations. Plus une population est nombreuse et dense, plus sa technologie et sa culture progressent vite. Des facteurs purement démographiques expliqueraient ainsi pourquoi les premiers signes de culture humaine moderne sont apparus ou disparus à différents moments en différents endroits du globe[1]. Plus récemment, au temps des premiers contacts européens avec les populations insulaires d'Océanie, les plus larges et les moins isolées d'entre elles maîtrisaient plus d'outils de pêche que les populations plus petites et plus isolées (figure 1.2). Leurs outils étaient aussi plus sophistiqués[2].

À force d'innover, l'intelligence collective de notre espèce finit par inventer des technologies qui induisirent des changements brutaux de densité des popu-

1. Powell A., Shennan S. et Thomas M. (2009) *Late Pleistocene demography and the appearance of modern human behavior*. Science, 324.

2. Kline M. et Boyd R. (2010) *Population size predicts technological complexity in Oceania*. Proceedings of the Royal Society.

lations, avec pour conséquence d'accroître considérablement l'intelligence collective et de précipiter l'invention d'une autre technologie encore plus disruptive. C'est ce qui est arrivé avec l'agriculture, vers 10 000 ans avant notre ère, puis avec l'industrie, au XIXe siècle.

Les populations les plus larges et les moins isolées sont les plus avancées technologiquement

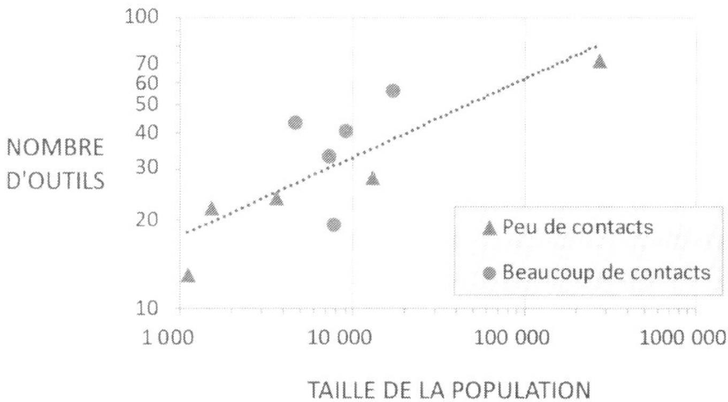

Figure 1.2 : Le nombre d'outils de pêche utilisés par différentes populations insulaires en Océanie, au temps des premiers contacts européens, augmente avec la taille du groupe. À taille similaire, les populations qui sont plus souvent en contact avec d'autres ont aussi tendance à utiliser plus d'outils. (Source des données : Klein & Boyd, 2010.)

Avant d'inventer l'agriculture, les humains vivaient en petits groupes de chasseurs-cueilleurs nomades de quelques douzaines d'individus. La densité des populations était très faible. En devenant fermiers, ils s'établirent dans des villages où ils cohabitaient à quelques centaines ou milliers. Ils purent se spécialiser ; certains devinrent savants. Le progrès scientifique accoucha de l'ère industrielle. Les paysans quittèrent la campagne pour affluer dans des villes énormes. Aujourd'hui, la plupart d'entre nous sommes citadins et partageons notre habitat avec des centaines de milliers ou plusieurs dizaines de millions de gens.

Plusieurs auteurs ont récemment relevé que ces transitions technologiques clés ont à chaque fois augmenté le taux de croissance de l'économie mondiale[1] : elles ont *accéléré l'accélération* de la croissance[2]. On estime que, avant l'agriculture, la richesse globale croissait très lentement, ne doublant que tous les 250 000 ans, environ, essentiellement au même rythme que l'accroissement de la population. Le PIB par habitant de la planète – sa part de la richesse mondiale – a stagné pendant des centaines de milliers d'années. Avec l'agriculture, ce rythme s'est considérablement accéléré : la taille de l'économie mondiale doublait en moyenne à chaque millénaire. Le PIB par habitant commença à s'élever. Depuis la révolution industrielle, la richesse planétaire double environ tous les quinze ans ! Le PIB par habitant s'est envolé. Le graphe de la figure 1.3 aide à visualiser les brusques accélérations de croissance qui accompagnèrent chaque rupture technologique.

Comment de tels bonds sont-ils possibles ? En densifiant soudainement les populations, dans des villages agricoles, puis dans des villes industrielles,

1. Hanson, R. (2016) *The Age of Em : work, love and life when robots rule the earth*. Oxford University Press.

2. Bostrom, N. (2017) *Superintelligence*. Dunod.

chaque transition accroît considérablement le potentiel d'intelligence collective. Le supplément de capacité d'innovation qui en résulte augmente la productivité et nous propulse à son tour vers la prochaine rupture technologique et démographique.

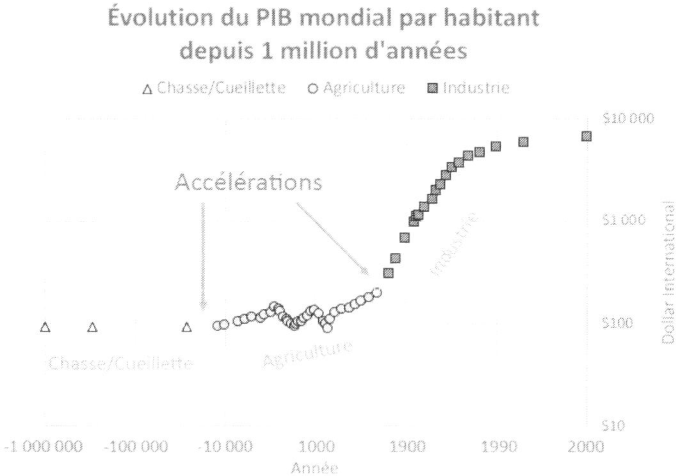

Figure 1.3 : Depuis 1 million d'années, la richesse individuelle (PIB par habitant) s'est considérablement accrue. Mais cette croissance s'est elle-même accélérée à chaque transition technologique (chasse-cueillette, agriculture, industrie) et démographique (camps, villages, villes). La période couverte va de 1 million d'années avant J.-C. à 2000 après J.-C. Les échelles des deux axes sont logarithmiques afin de permettre la visualisation des données. Sinon, on ne verrait qu'une ligne horizontale courant de gauche à droite, autour de 100 dollars, se transformant brutalement en une ligne verticale de 100 à 6 500 dollars tout à fait à droite du graphe. (Source des données : De Long, J.B., 1998.)

Du collectif au supercollectif

Depuis vingt ans, nous assistons à une nouvelle accélération de la densité de l'humanité. Si le numérique est une « révolution », c'est parce qu'il rapproche nos cerveaux à un rythme effréné. Le courrier électronique, le Web, le téléphone portable, les moteurs de recherche, les réseaux sociaux, les messageries, l'iPhone, la vidéoconférence, la réalité virtuelle et la traduction automatique font que chacun est instantanément connecté ou connectable à tout le monde, tout le temps, partout sur la planète.

Par ailleurs, l'humanité n'a jamais disposé d'autant de puissance de calcul qu'aujourd'hui. On estime qu'un cerveau humain est capable d'autant d'opérations par seconde que trente supercalculateurs chinois dernier cri, un demi-million de consoles de jeux, ou trois cents millions de *smartphones*[1]. À cette aune, la puissance cumulée de *tous* les ordinateurs du monde vaut à peine mille cerveaux humains[2]. Et nous serons demain huit milliards sur la planète !

Quand on met côte à côte notre puissance de calcul globale, qui n'a jamais été aussi grande, et le fait que nos milliards de cerveaux sont, grâce au numérique, plus que jamais en situation de collaborer, une évidence s'impose : nous sommes à l'aube d'une

---

1. Un cerveau humain aurait une puissance d'environ 10^{18} FLOPS (multiplications ou additions par seconde), à comparer aux $3{,}4 \times 10^{16}$ FLOPS du supercalculateur Tianhe-2, aux 2×10^{12} FLOPS d'une Playstation 4, ou aux 5×10^{9} FLOPS d'un iPhone 6.
2. https://aiimpacts.org/global-computing-capacity/

nouvelle ère de l'intelligence. Une ère où le collectif peut s'exprimer à une échelle inconcevable par les générations précédentes. Une ère *supercollective*, où nos intelligences « groupées et organisées » peuvent bousculer l'univers.

Les premières pyramides de cette nouvelle civilisation sont déjà construites : Google et Wikipédia. Des milliards d'individus interagissent quotidiennement avec ces intelligences supercollectives qui, dans leurs domaines, surpassent de très loin les plus intelligents et les plus instruits d'entre nous. Pour trouver la bonne réponse à nos recherches, l'algorithme de Google suit fidèlement les liens que d'innombrables *webmasters* ont soigneusement tissés entre leurs sites[1]. Sa puissance repose sur l'intelligence agrégée de tous ces choix individuels quant à la pertinence de telle ou telle page sur la Toile. L'encyclopédie collaborative Wikipédia a quant à elle confondu les sceptiques par son ampleur et sa richesse. C'est une source d'information si appréciée qu'on la retrouve généralement en première position des réponses proposées par… Google.

Google et Wikipédia incarnent au moins deux façons de concevoir des intelligences supercollectives : soit en agrégeant algorithmiquement des choix et des préférences humains, soit en offrant aux individus

1. Au moins dans sa version originale, l'algorithme « PageRank » de Google est d'ailleurs largement inspiré d'un algorithme de recherche d'information dans la mémoire associative humaine décrit dans les années 1980 : la diffusion d'activation. Voir : Akim, N., Dix A., Katifori, A., Lepouras, G., Shabir, N., Vassilakis, C. (2011) *Spreading Activation for Web Scale Reasoning : Promise and Problems*. Proceedings of WebSci'11, Koblenz.

une nouvelle façon de collaborer de manière explicite. Ce sont les plus connues, mais ce ne sont pas les seules. À combien d'autres tâches peut-on appliquer ces mêmes principes ? Quelles autres façons de solliciter et de consolider des collaborations intelligentes peut-on imaginer ? Quelles seront, demain, les nouvelles intelligences supercollectives ? C'est un défi passionnant à relever, aussi bien au niveau technique qu'au niveau humain.

Intelligence artificielle ou supercollective ?

Mais l'époque est anxieuse. En numérisant tout, on risque de nous réduire à des chiffres, comme autrefois ces prisonniers aux matricules tatoués sur le corps. La surveillance généralisée de *Big Data Brother* n'est plus un simple cauchemar littéraire, c'est déjà en Chine un programme de gouvernement. Qui se souvient encore du temps où une *start-up* nommée Apple vendait son Macintosh comme un antidote à la dictature ? Aujourd'hui, Apple domine le Nasdaq, mais *1984* est plus actuel que jamais.

L'intelligence artificielle grignote par ailleurs inexorablement la haute idée que l'on se fait de nous-mêmes, convoite nos emplois et menace d'aggraver les inégalités économiques. En 1997, l'IA choquait le monde en battant notre champion d'échecs. Vingt et un ans plus tard, en Arizona, une voiture-robot autonome tua une femme qui traversait la route. Est-ce un progrès ou une folie ? L'inquiétude est palpable.

Cerveaux et ordinateurs excelleront pourtant encore longtemps à des tâches différentes. Un cerveau de polytechnicien prend plus de temps qu'une humble calculette à trouver une racine carrée. À l'inverse, le langage courant semble voué à confondre durablement les plus puissantes intelligences artificielles. Demandez à Google de traduire en anglais « j'ai acheté des avocats au marché », il comprendra que vous avez soudoyé des juristes devant l'étalage[1]. Des prophéties bien argumentées estiment qu'il faudra encore au moins un siècle avant que les machines soient dotées d'une intelligence générale similaire à la nôtre[2]. Peut-être. Qui d'entre nous sera encore là ? En attendant, attachons-nous à utiliser toujours plus, toujours mieux, l'intelligence humaine, en cherchant les moyens de la grouper et de l'organiser pour résoudre les problèmes que les IA ne savent pas traiter.

L'intelligence artificielle progresse dans la mesure où des données numériques en bonne et due forme sont disponibles en masse pour décrire un problème. Quand un problème est inédit (sans *data*), que les *data* disponibles sont partielles, floues ou déstructurées, ou qu'une situation change brutalement, les IA sont impotentes ou prises au dépourvu. Dans les affaires humaines, ce genre de problèmes est encore plutôt la norme que l'exception. C'est là que l'intelligence supercollective a un rôle à jouer (figure 1.4).

1. « I bought lawyers at the market », selon translate.google.fr, le 22 août 2018.

2. Hanson, R. (2016) *The Age of Em*, *op. cit.*

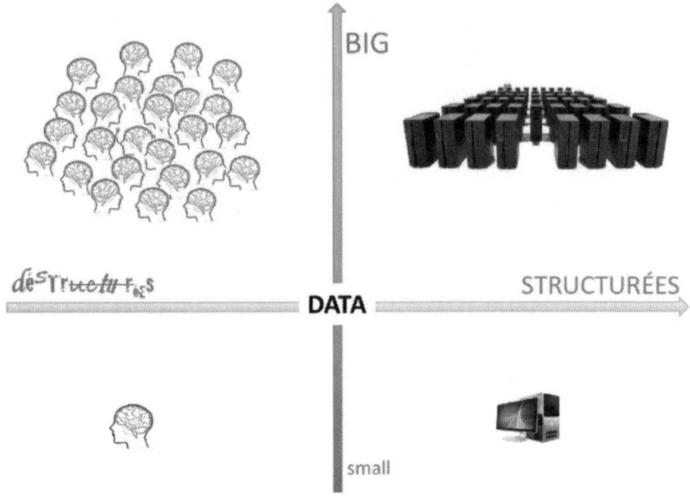

Figure 1.4 : Quand il y a peu de données (« small data ») elles peuvent être traitées par ordinateur personnel si elles sont numériques et structurées, ou par un cerveau humain si elles sont analogiques ou déstructurées. Quand le problème est complexe, avec beaucoup de données pertinentes (« big data »), l'intelligence supercollective est nécessaire tant qu'elles sont analogues, floues ou déstructurées.

Changement de culture

Ironiquement, la culture occidentale moderne semble plus séduite par l'intelligence artificielle que par sa sœur collective. Nous avons tendance à mettre sur un piédestal le génie individuel – l'antique philosophe, l'homme d'État providentiel, le lauréat du Nobel, l'expert, la vedette, le Ballon d'or, le patron charismatique –, quitte à ignorer l'ensemble des talents qui ont contribué au succès, mais qui sont trop nombreux pour être individuellement reconnus. Les seconds rôles ne sont mis en avant qu'en cas de problème : on encense Bonaparte pour la victoire à Austerlitz, mais on blâme Grouchy pour la défaite à Waterloo. Il est encore de bon ton, dans certains milieux intellectuels et lieux de pouvoir, de déconsidérer le discernement des foules.

L'IA se prête bien à ce jeu-là, car elle ne remet pas en question les hiérarchies de pouvoir existantes, politiques ou managériales. Elle les renforce. C'est pourquoi les autocrates voient en elle une alliée. L'intelligence collective requiert à l'inverse plus d'écoute, d'humilité, de confiance et de partage. Ce n'est pas l'idée de hiérarchie qui est remise en cause, car il est acquis que tous les systèmes complexes sont forcément hiérarchiques[1]. Mais le flux de communication doit aller autant du bas vers le haut que du haut vers le bas.

L'acceptation massive de l'intelligence supercollective demandera donc un basculement culturel, comme ceux qui furent induits par les découvertes de Copernic et de Darwin. Non, nous ne sommes pas le centre de l'univers, ni différents des animaux, et le génie individuel n'est pas le summum de l'intelligence. Heureusement, les jeunes générations, les fameux *millenials*, fonctionnent déjà largement dans le nouveau paradigme : *co-working*, partage, fluidité, connexion et *multi-tasking* sont leur pain quotidien, et leur exigence. Cette révolution est la leur. Ils sont maîtres du temps.

---

1. Voir le fameux essai d'Herbert Simon sur *Les Sciences de l'artificiel*, Folio Essais, 2004.

Organisation du supercollectif

Cependant, un système supercollectif peut être capable du pire comme du meilleur. Comme Teilhard le pressentait, le maître mot est « organisation », car les groupes d'humains, des plus petits aux plus grands, ne sont pas spontanément intelligents. La discorde abrutit souvent les couples, et une pensée unique s'empare facilement des foules. Il ne suffit pas d'être ensemble, où tous connectés, pour collaborer efficacement ou prendre les meilleures décisions. L'intelligence collective s'organise, et l'intelligence supercollective s'organise d'autant plus : elle doit respecter des règles fondamentales de diversité, d'indépendance et d'agrégation, se régler avec des algorithmes et s'incarner dans des plateformes numériques.

Depuis peu, les meilleures universités mondiales font de l'organisation de l'intelligence collective une science à part entière. Au Massachusetts Institute of Technology (MIT), par exemple, fut créé en 2006 le Center for Collective Intelligence, à l'intersection des écoles d'informatique et de management. La première conférence scientifique internationale annuelle entièrement dédiée à cette nouvelle science a eu lieu en 2012[1]. L'intelligence collective rejoint ainsi les autres sciences *cognitives* que sont la psychologie, l'anthropologie, les neurosciences et l'intelligence

1. Site web du cycle de conférences « Collective Intelligene » : https://ci.acm.org

artificielle. Elle peut nous guider dans la création de super-cerveaux et nous renseigner sur la nature profonde de l'intelligence en général.

L'objectif de ce livre est de présenter les premières découvertes passionnantes de cette nouvelle science et d'en tirer des leçons pratiques pour nos entreprises et nos démocraties.

Nous sommes au début d'une formidable aventure humaine et technologique. Mais le succès dépend de l'attention que l'on portera à grouper et organiser nos intelligences. À *nous* de jouer !

CHAPITRE II

Le QI du groupe

> « Lorsque vous pouvez mesurer ce dont vous parlez, et l'exprimer en chiffres, vous savez quelque chose à son sujet ; mais lorsque vous ne pouvez pas le mesurer, lorsque vous ne pouvez pas l'exprimer en chiffres, votre connaissance est d'un genre bien maigre et insatisfaisant ; c'est peut-être un début de connaissance, mais votre pensée est encore loin d'être scientifique, quel qu'en soit le sujet. »
>
> William Thomson, Lord Kelvin

À la fin du XIXe siècle, la psychologie voulut devenir science. Son premier défi fut de mesurer l'intelligence. Les Allemands, les Américains et les Anglais s'y efforcèrent en vain, et ce furent finalement les Français Alfred Binet et Théodore Simon qui établirent en 1905, à la demande du ministère de l'Éducation, la première « échelle métrique d'intelligence[1] ». Initia-

1. Binet, A. et Simon, T. (1905) *Méthodes nouvelles pour le diagnostic du niveau intellectuel des anormaux.* L'Année psychologique, 11.

lement conçue pour repérer les enfants arriérés afin de leur proposer une scolarité adaptée, leur batterie de tests de difficultés progressives permit d'établir le nouveau concept d'*âge mental*. Par exemple, si un enfant de 8 ans était capable de réussir des tests normalement réservés à des enfants de 10 ans, son âge mental était de 10 ans. En soustrayant l'âge biologique de l'âge mental de l'enfant, on pouvait déduire son avance ou son retard cognitif sur ses camarades.

Cette invention rencontra tout de suite un vif succès mondial. Dans la foulée, le psychologue allemand William Stern proposa de *diviser* l'âge mental par l'âge biologique, au lieu de les soustraire, inventant ainsi le *quotient* intellectuel, le fameux QI. De l'autre côté du monde, en Californie, l'Américain Lewis Terman, professeur à Stanford, adapta le test de Binet et Simon aux populations adultes, ce qui permit à l'armée américaine d'évaluer le QI de plus d'un million et demi de nouvelles recrues lors de la Première Guerre mondiale. Quand la paix fut revenue, ces soldats initiés aux tests d'intelligence retournèrent à la vie civile, et le secteur privé emboîta le pas aux éducateurs et aux militaires pour faire d'un test de QI le préalable à tout recrutement ou promotion.

Un siècle plus tard, après nombre de révisions, de raffinements, d'imitations et de variantes, le test « Stanford-Binet » est toujours largement utilisé. On reconnaît une bonne idée à son succès dans la durée.

Aujourd'hui, les psychologues s'accordent sur le fait que les tests de QI mesurent de manière fiable une faculté d'intelligence *générale* dénommée « *g* ». L'Anglais Charles Spearman en fit le premier l'hypothèse, dès 1904, juste avant la démonstration empirique de Binet et Simon[1]. Spearman remarqua que les gens compétents dans un domaine intellectuel, comme les langues, la musique, ou les mathématiques, sont rarement nuls dans les autres domaines, et inversement. Cela ne serait pas le cas si notre intelligence n'était qu'un assemblage de facultés diverses indépendantes les unes des autres. Il devait donc exister une sorte de tronc commun.

C'est *g* qui nous rend « capables d'acquérir des connaissances utiles et de résoudre des problèmes conséquents en utilisant une combinaison de logique, d'intuition, de créativité, d'expérience et de sagesse », expliquent les spécialistes[2]. Rien dans cette définition de l'intelligence ne fait référence à des connaissances formelles. Françoise Giroud, cofondatrice de *L'Express*, première femme à avoir dirigé un grand journal d'information en France, était immensément cultivée et douée d'une des plumes les plus fines du pays. Quand je l'interrogeai, vers la fin de sa vie, sur sa conception de l'intelligence, elle me fit une réponse à la fois décalée et parfaitement à propos : « J'ai une soubrette qui est une femme tout à fait fruste – elle écrit mais c'est tout juste –, mais qui est à mes yeux l'intelligence même. Tout ce qu'elle fait est intelligent, toutes ses réactions sont intelligentes, tous les problèmes qu'elle a à résoudre, elle

1. Spearman, C. (1904) *General Intelligence, Objectively Determined and Measured*. The American Journal of Psychology 15 : 2.

2. Kaufman, S. (2014) *What do IQ tests test ? : Interview with psychologist W. Joel Schneider*. Scientific American.

les résout vite par son intelligence. On voit bien que l'intelligence n'a aucun rapport avec l'instruction. »

Une réponse que n'aurait pas reniée Jean Piaget, le pionnier de l'étude du développement mental des enfants, pour qui l'intelligence, « ce n'est pas ce que l'on sait, c'est ce que l'on fait quand on ne sait pas ».

À la différence des phénomènes physiques tels que la température, la distance ou le temps, il n'y a pas d'étalon de l'intelligence, pas de zéro absolu cher à Kelvin, ni de vitesse maximum autorisée chère à Einstein. Notre QI ne se mesure que par rapport à celui des autres. Le QI moyen est établi à 100 par définition, et 68 % d'entre nous ont un QI entre 85 et 115. À partir de 120 (au test de Stanford-Binet), vous êtes plus intelligent que 90 % de la population. À partir de 131, vous êtes dans le top 2 %, ce qui vous ouvre les portes de Mensa, le plus connu des clubs pour surdoués, fondé en 1946. D'autres clubs de plus en plus exclusifs furent ensuite créés pour n'accueillir que le top 0,1 % (la Triple Nine Society, fondée en 1978), puis le top 0,0001 % (la Mega Society, fondée en 1982). De toute évidence, les tests de QI ne pénalisent pas la vanité !

Et pour cause, car, chez les hommes comme chez les femmes, l'intelligence est une qualité particulièrement *sexy*, qu'il convient de mettre en avant. À la fin des années 1980, le psychologue David Buss et une cinquantaine de collègues menèrent une étude planétaire sur presque dix mille hommes et femmes dans trente-trois pays et six continents. Ils leur demandèrent de classer les qualités les plus désirables chez un partenaire sexuel de longue durée – celui ou celle avec qui l'on va s'efforcer de reproduire l'espèce.

Hommes et femmes de toutes cultures s'accordèrent pour placer l'intelligence très haut sur le podium. En moyenne, elle fut classée seconde, juste derrière « gentillesse et compréhension », mais devant des qualités plus matérielles et ostentatoires comme la bonne santé, l'attrait physique ou la capacité à gagner de l'argent[1]. Quand une préférence est aussi universelle, c'est qu'elle est constitutive de l'espèce, innée plutôt qu'acquise, biologique plutôt que culturelle. De l'australopithèque à l'homme moderne, notre préférence sexuelle pour l'intelligence, à chaque nouvelle génération, est l'un des principaux moteurs de la sélection naturelle qui a sculpté notre ADN. *Homo* n'est pas devenu *sapiens* par hasard. Avec tout le respect que l'on doit à Binet, nous ne l'avons pas attendu pour évaluer l'intelligence d'autrui.

Mais qu'évalue-t-on au juste ? Quand David Buss demanda à cent quarante hommes et femmes de décrire ce qui, dans le comportement des autres, est une preuve d'intelligence, il obtint des réponses pas tout à fait en accord avec la définition de *g*[2]. Nous considérons intelligentes les personnes qui ont tendance à :

- Réfléchir en prenant en compte tous les points de vue ;
- Communiquer efficacement ;
- Se montrer sensibles aux signes de ce que ressentent les autres ;

1. Buss, D., *et al.* (1990) *International preferences in selecting mates : A study of 37 cultures.* Journal of Cross-Cultural Psychology, 21.
2. Buss, D. (1997) *Les Stratégies de l'amour.* InterEditions.

- Savoir où aller ou à qui s'adresser pour résoudre un problème ;
- Accomplir des tâches nouvelles en faisant peu d'erreurs ;
- Savoir gérer l'argent.

En revanche, les comportements suivants nous font paraître moins intelligents aux yeux des autres :

- Ne pas saisir les allusions communiquées subtilement par les autres ;
- Ne pas comprendre une blague que tout le monde comprend ;
- Faire une gaffe en disant la mauvaise chose au mauvais moment ;
- Continuer de débattre alors que l'on a manifestement tort ;
- Ne pas comprendre quand on nous explique ;
- Être incapable de suivre des instructions verbales simples ;
- Répéter ses erreurs.

Ces réponses sont pour la plupart éloignées d'une conception « QI » de l'intelligence, qui valorise surtout la capacité individuelle d'apprentissage et de raisonnement logique. Les trois quarts (puces noires) trahissent plutôt le rôle *social* de l'intelligence qui permet de bien fonctionner dans un groupe. Il faut savoir donner des instructions, mais aussi en recevoir, considérer des opinions différentes, être capable d'empathie et être en phase avec ses interlocuteurs. Pour les humains, l'intelligence est indissociable du collectif.

Pourtant, ce n'est qu'un siècle après Binet, en 2010, que les scientifiques eurent enfin l'idée de mesurer l'intelligence collective.

Première mesure du QI collectif

Anita Woolley, de Carnegie Mellon, et Tom Malone, patron du MIT Center for Collective Intelligence, menèrent l'enquête. Ils recrutèrent des centaines de volontaires de tous les âges, les assemblèrent au hasard en petits groupes de deux à cinq personnes, et mesurèrent leur performance sur une batterie de tâches variées : assemblages de puzzles, brainstorming, raisonnement, planning, résolution de conflits, etc. Ils n'oublièrent pas de tester au préalable le QI de chacun des participants. Ils firent alors des découvertes si importantes qu'elles furent rapidement publiées dans la prestigieuse revue *Science*[1].

La première fut que les groupes sont, tout autant que les individus, dotés d'une intelligence générale que l'on peut, elle aussi, mesurer. Les groupes qui se débrouillaient bien face à certains problèmes avaient aussi tendance à savoir résoudre d'autres types de problèmes. Woolley et Malone dénommèrent « *c* » cette faculté d'intelligence collective générale, en hommage au *g* de Spearman. C'est la preuve que les groupes humains sont dotés d'une intelligence

1. Woolley, A., Chabris, C., Pentland, A., Hashmi, N. et Malone, T. (2010) *Evidence for a collective intelligence factor in the performance of human groups*. Science, 330 : 6004.

propre, aussi mesurable, donc aussi tangible, que celle d'un cerveau individuel.

L'intérêt de cette découverte n'est pas que théorique. En pratique, dès lors que l'on dispose d'un test pour mesurer l'intelligence collective, on peut l'utiliser pour prédire la performance future et à long terme de n'importe quelle équipe de travail. On peut ainsi *a priori* évaluer le potentiel d'une équipe marketing, d'innovation, de vente, voire d'une troupe artistique, ou même – on peut rêver – gouvernementale. Imaginez qu'avant de nommer un gouvernement on teste le QI collectif des ministres pressentis !

D'où vient l'intelligence du groupe ?

Grâce au test de QI collectif, on peut comparer différents groupes pour comprendre ce qui les rend plus ou moins intelligents. Une hypothèse raisonnable serait que l'intelligence collective reflète et amplifie les intelligences individuelles : qu'elle s'exprime d'autant plus s'il y a un génie dans le groupe, ou si tout le monde y est intelligent. Mais Woolley et Malone ont observé, au contraire, que les QI individuels – que ce soit la moyenne ou le meilleur du groupe – ont assez peu d'effet sur le QI collectif. Dans l'arène intellectuelle, de même que sur un terrain de sport, il ne suffit pas d'assembler des champions pour constituer une équipe gagnante, et une bande d'outsiders peut souvent créer la surprise.

Il est amusant de mettre cette découverte en rapport avec la performance de la première équipe gouvernementale de Donald Trump. Le président américain s'est publiquement vanté non seulement d'être lui-même un génie, mais aussi d'avoir recruté des ministres dont la somme des QI était « largement supérieure » à celle de tous les gouvernements américains précédents. « Et alors ? auraient pu lui répondre Woolley et Malone, même si ces deux affirmations étaient avérées, elles ne garantiraient aucunement un gouvernement intelligent ! » Ce gouvernement se révéla si dysfonctionnel qu'un quart des ministres présumés géniaux n'en faisait plus partie un an plus tard.

Mais alors, de quoi se nourrit l'intelligence collective sinon des intelligences individuelles ? En fouillant leurs données, les chercheurs firent une découverte inattendue : les groupes majoritairement féminins étaient visiblement plus intelligents que les autres ! Pour ceux ou celles (peut-être moins nombreuses) que cela étonnerait, les *data* sont reproduites dans la figure 2.1. On y voit clairement que les groupes constitués majoritairement de femmes (cercles) avaient un QI le plus souvent au-dessus de la moyenne, tandis que les groupes où les femmes étaient minoritaires (triangles) avaient un QI le plus souvent en dessous de la moyenne. La tendance générale est que l'intelligence collective augmente avec la proportion de femmes.

À une époque où le combat pour la parité au travail, en sciences et en politique, fait rage, ce résultat spectaculaire, estampillé par deux universités prestigieuses et publié dans une revue scientifique de premier plan, a naturellement défrayé la chronique. Mais s'il n'était observable que dans les laboratoires aseptisés des tours d'ivoire académiques, les sceptiques pourraient encore douter de sa pertinence dans le monde réel. Or, il se trouve qu'il éclaire un autre phénomène en prise directe avec l'économie.

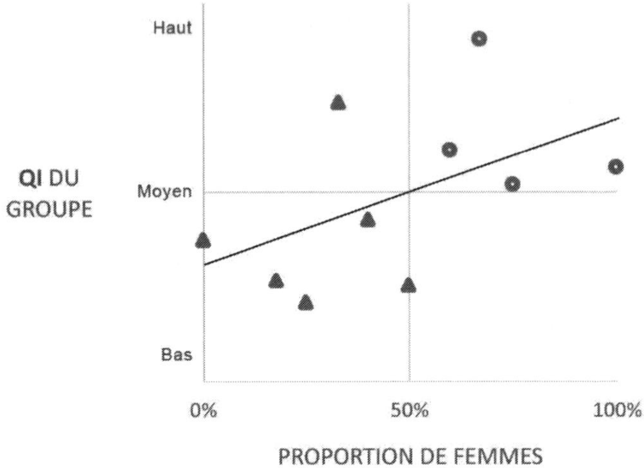

Figure 2.1 : Les groupes où les femmes sont majoritaires (ronds) sont plus intelligents que les groupes où elles ne le sont pas (triangles). La tendance générale est indiquée par la diagonale. (Source des données : Woolley, A., et Malone, T. (2011) *Defend your research : What Makes a Team Smarter ? More Women.* Harvard Business Review, June 2011.)

La femme est-elle l'avenir de l'homme… d'affaires ?

Depuis 2007, à la tête de l'Observatoire Skema de la féminisation des entreprises, le professeur Michel Ferrary réalise l'état des lieux annuel de la féminisation des soixante plus grandes entreprises françaises. En moyenne, seulement 30 % des cadres de ces fleurons sont des femmes, alors qu'elles représentent près de la moitié de la population active. Mais les disparités sont larges, allant de l'entreprise la plus masculine, Airbus (11 % de cadres féminins), à la plus féminine, LVMH (63 %), en passant par Alstom (20 %), EDF (30 %), Sanofi (40 %) et Crédit agricole (51 %). En comparant ce taux de féminisation à la performance économique de chaque entreprise, l'Observatoire a découvert une forte corrélation entre les deux variables. De même que les groupes féminisés sont plus intelligents, les entreprises dont l'encadrement est plus féminisé sont généralement plus rentables. CQFD.

Les investisseurs avisés devraient-ils alors plutôt confier leurs deniers à ce genre d'entreprises ? Pour le vérifier, Ferrary a imaginé un portefeuille boursier original, le Femina, composé des 15 entreprises du CAC 40 dont l'encadrement est féminisé à au moins 35 %. Pourquoi ce seuil ? Parce que, selon les travaux de la sociologue de Harvard Rosabeth Moss Kanter, c'est celui à partir duquel une minorité a enfin une chance de devenir influente[1]. Le Femina est un portefeuille virtuel très diversifié avec des valeurs dans le luxe, la finance, la communication, l'agroalimentaire, le tourisme, la santé et la grande distribution ; sa performance boursière ne saurait donc être simplement due à celle d'un secteur particulier de l'économie. Et quelle performance ! Au cours de la décennie 2006-2016, durant laquelle l'économie traversa d'abord une crise profonde avant de renouer

1. Moss Kanter, R. (1977) *Men and Women of the Corporation*, BasicBooks.

timidement avec la croissance, le CAC 40 a perdu 4 % de sa valeur. Le Femina, lui, a gagné 60 %. Quel que soit le contexte économique, crise ou croissance, la performance boursière de nos entreprises féminisées a fait honte au reste du CAC 40, comme le résume la figure 2.2. Concrètement, 1 000 € investis dans le CAC 40 en 2006 auraient fondu à 964 € dix ans plus tard, tandis que 1 000 € investis dans le Femina seraient devenus 1 607 €.

L'avantage des entreprises féminisées n'est pas une spécificité française, et il n'est pas non plus réservé aux grandes entreprises. Aux États-Unis[1], en Espagne[2], au Danemark[3], en Chine[4], d'autres études conduites au cours des vingt dernières années sur des centaines d'entreprises de toutes tailles sont arrivées aux mêmes conclusions. Le consensus est que les entreprises féminisées sont plus performantes parce qu'elles sont plus innovantes. Leurs *produits* sont plus innovants, et leur *management* est plus innovant. Le supplément

1. Dezso, C.L. and Ross, D.G. (2008) *Girl power : female participation in top management and firm performance*. Robert H. Smith School Research Paper, No. RHS 06-104.

2. Ruiz-Jiménez, J.M. and del Mar Fuentes-Fuentes, M. (2016) *Management capabilities, innovation, and gender diversity in the top management team : an empirical analysis in technology-based SMEs*. Business Research Quarterly, 19.

3. Smith, N., Smith, V. and Verner, M. (2006) *Do women in top management affect firm performance ? A panel study of 2500 Danish firms*. International Journal of Productivity and Performance Management, 55 : 7.

4. Ren, T. and Wang, Z. (2010) *Female participation in TMT and firm performance : evidence from Chinese private enterprises*. Nankai Business Review, 13 : 5.

d'intelligence collective induit par la féminisation est une source de richesses sonnantes et trébuchantes.

RETOUR SUR INVESTISSEMENT DANS LES ENTREPRISES FÉMINISÉES

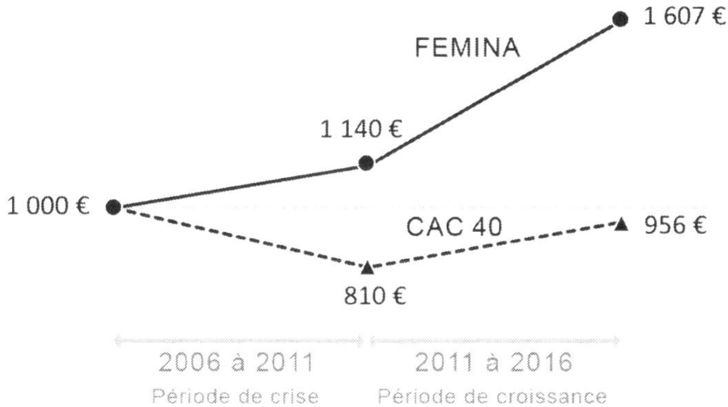

Figure 2.2 : En période de crise comme de croissance, la performance boursière du CAC 40 est largement inférieure à celle de l'indice Femina composé des 15 entreprises du CAC 40 dont au moins 35 % des cadres sont des femmes : Accor, Axa, BNP Paribas, Casino, Danone, Hermès, Kering, L'Oréal, LVMH, Natixis, Publicis, Sanofi, Société générale, Sodexo et Vivendi. 1 000 € investis dans le Femina en 2006 auraient rapporté beaucoup plus en 2016 qu'un investissement égal dans le CAC 40. (Source des données : Observatoire Skema de la féminisation des entreprises, Édition 2016.)

Aussi provocants soient ces résultats, la clé de l'affaire ne se résume pourtant pas à une simple histoire de genre, heureusement pour les hommes ! Dans les analyses de Woolley et Malone, deux autres facteurs apparaissent encore plus déterminants pour créer de l'intelligence collective.

La qualité du réseau

En premier lieu, la « sensibilité sociale » des membres du groupe, c'est-à-dire la capacité de chacun à déchiffrer l'état d'esprit des autres en captant les non-dits et les signaux non verbaux. Ce supplément de fluidité dans la communication du groupe contribue largement au QI collectif. Cela se mesure par le test clinique « Reading the Mind in the Eyes » (lire l'esprit dans les yeux) initialement inventé pour détecter l'autisme. On vous montre des photos cadrées uniquement sur un regard et on vous demande d'y déceler l'état d'esprit correspondant. Par exemple, quel est l'état d'esprit de l'homme ci-dessous ?

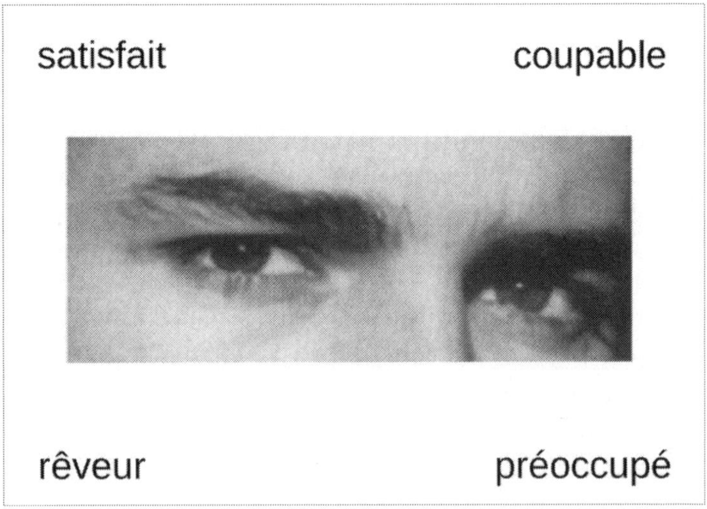

La plupart des femmes réussissent mieux ce test que la plupart des hommes : en moyenne, les hommes devinent 69 % des bonnes réponses, tandis que les femmes en devinent 75 %[1]. (Si vous avez répondu « préoccupé » à la question ci-dessus, vous avez raison.) Cette sensibilité sociale accrue contribuerait donc largement à la tendance générale des groupes féminisés à surpasser les autres. L'important n'est pas tant d'avoir une majorité de femmes dans le groupe que de le constituer d'individus, hommes ou femmes, à haute sensibilité sociale. Par ailleurs, bien qu'elle se mesure à l'aide d'un test visuel, cette faculté semble tout aussi efficace pour fluidifier les interactions modernes *via* courriels, SMS et autres messageries instantanées. À sensibilité sociale égale, les groupes qui ne communiquent que par médias électroniques s'avèrent aussi intelligents que ceux qui se regardent dans le blanc des yeux[2].

L'égalité du temps de parole est le second facteur essentiel à l'intelligence collective. « Il apparaissait clairement que les groupes dont quelques membres dominaient la conversation n'étaient pas des groupes très intelligents », résument les chercheurs. Et là encore, les groupes féminisés ont l'avantage, car, dans ce genre de groupes axés sur la résolution de problèmes ou la prise de décision, les hommes ont une ten-

1. Baron-Cohen, S., Bowen, D., Holt, R., Allison, C., Auyeung, B., Lombardo, M., Smith, P., et Meng-Chuan, L. (2015) *The "Reading the Mind in the Eyes" Test : Complete Absence of Typical Sex Difference in 400 Men and Women with Autism*. PLoS ONE, 10 : 8.

2. Engel, D., Woolley, A., Jing L., Chabris C., Malone, T. (2014) *Reading the Mind in the Eyes or Reading between the Lines ? Theory of Mind Predicts Collective Intelligence Equally Well Online and Face-To-Face*. PLoS ONE, 9 : 12.

dance malheureuse à rivaliser pour prendre la parole, au lieu d'écouter. La sociolinguiste Janet Holmes a dédié sa carrière à étudier les interactions verbales sur les lieux de travail. Elle résume ainsi le problème[1] : « Les hommes parlent plus que les femmes dans des contextes publics et formels parce qu'ils perçoivent la participation et la contribution verbale dans de tels contextes comme une activité qui augmente leur statut social, et les hommes sont en général plus préoccupés par l'affirmation du statut et du pouvoir que les femmes. » Alors, évidemment, plus il y a d'hommes dans un groupe, plus quelques-uns vont dominer la conversation et limiter les contributions des autres, appauvrissant mécaniquement le potentiel d'intelligence collective.

Il ressort de toutes ces analyses que la composante la plus essentielle du QI collectif n'est pas la somme des QI individuels, mais l'intelligence *émotionnelle* des membres du groupe, telle qu'elle s'exprime par leur capacité d'écoute, d'empathie et de respect des contributions des autres. La qualité de la communication entre les cerveaux compte plus que la puissance des cerveaux eux-mêmes. Comme pour Internet, c'est le réseau qui prime sur les ordinateurs qui y sont connectés.

Cette conclusion est d'autant plus satisfaisante que, depuis son invention dans les années 1990 par des psychologues américains, le concept d'intelligence émotionnelle s'est construit et a été popularisé *en*

1. Holmes, J. (1998) *Women talk too much*. Dans Bauer, L. et Trudgil, P. (eds), *Language Myths*, Penguin Books.

opposition à celui d'intelligence générale. Le *best-seller* de Daniel Goleman sur le sujet était sous-titré : « *Pourquoi cela peut avoir plus d'importance que le QI* ». L'hebdomadaire américain *Time* en fit sa couverture en résumant que « l'intelligence émotionnelle peut être le meilleur prédicteur de succès dans la vie, redéfinissant ce que cela signifie d'être intelligent ». Dans mon cédérom *Les Secrets de l'intelligence*[1], publié peu après, j'avais demandé à mon frère David, alors à la tête d'un laboratoire de recherches en neurosciences des émotions à l'université de Pittsburgh, de nous expliquer de quoi il s'agissait : « Il y a très peu d'activités qui sont à la fois valorisées socialement et qui permettent à quelqu'un de travailler entièrement seul, sans rapports harmonieux avec les autres. Ce qui limite en fait le succès de quelqu'un n'est pas tant son niveau de connaissance en mathématiques, ou sa capacité à manipuler rapidement des concepts abstraits, que des choses beaucoup plus simples, comme marcher sur les pieds des autres, rendre ses collaborateurs malheureux ou rendre les rapports si difficiles que le groupe dont il fait partie ne fonctionne plus comme une équipe. C'est tout cela que l'on désigne par quotient émotionnel, par opposition au quotient intellectuel, le QE au lieu du QI. Il se trouve que c'est le QE qui détermine la réussite sociale, beaucoup plus que le QI, qui ne permet de prédire que la performance scolaire, et qui se limite à cela. »

1. Servan-Schreiber, E. et Levy, B. (1997) *Les Secrets de l'intelligence*. Hypermind/Ubisoft.

Pendant longtemps, QE et QI ont été frères ennemis, offrant deux conceptions indépendantes et rivales de l'intelligence. Mais on comprend maintenant que le lien entre les deux – invisible au niveau individuel – est profond : le QI collectif émerge directement du QE de chacun.

CHAPITRE III

Sagesse des foules contre pensée unique

> « Si tout le monde pense la même chose, c'est que quelqu'un ne pense pas. »
>
> Général George Patton

En même temps que Binet et Simon découvraient la manière de mesurer l'intelligence individuelle, de l'autre côté de la Manche un vénérable scientifique anglais était sur le point de faire une découverte majeure sur l'intelligence collective.

Sir Francis Galton, biologiste, géographe, anthropologue, météorologue (découvreur de l'anticyclone), statisticien et psychologue, fut peut-être le dernier de ces *gentlemen* savants et voyageurs qui illuminèrent le XIXe siècle et inspirèrent tant les romans de Jules Verne. Ce cousin germain de Charles Darwin, doté d'un QI presque surhumain de 200 (selon les estimations posthumes), était obsédé par les inégalités intellectuelles et persuadé de leur caractère héréditaire. Il y consacra quatre livres influents, jusqu'à formuler l'utopie eugénique selon laquelle on pourrait rendre la race humaine plus intelligente en ne permettant qu'à l'élite intellectuelle de se reproduire. Cet excès lui valut longtemps d'être vilipendé par les uns, puis oublié par les autres.

Passionné par les statistiques, ce véritable « *geek* » victorien fut toute sa vie à l'affût de *data*, qui à l'époque n'étaient pas si nombreuses et disponibles qu'aujourd'hui. « À chaque fois que vous le pouvez, comptez ! » était sa devise. Il devait y rester fidèle jusqu'au bout. À l'automne 1906, il avait 85 ans, sa carrière résolument derrière lui, une santé déclinante, mais une curiosité intacte. Lors d'une balade dans une foire de campagne, il fut interpellé par un attroupement où des centaines de curieux étaient invités à deviner le poids total de la viande que l'on pourrait tirer du bœuf qui leur était présenté. Chacun devait payer quelques sous pour écrire sur un ticket sa meilleure estimation, et la plus juste serait récompensée. L'affaire conclue, quelques jours plus tard, Galton récupéra les 787 tickets pour les analyser chez lui.

Membre éminent de la classe dominante, il s'attendait à trouver dans ces données une illustration de la misère du jugement populaire. La question était brûlante alors que le royaume débattait de l'opportunité de faire primer la Chambre des communes sur la Chambre des lords (puissant bastion de l'élite non élue) ou, encore pire, de se livrer au suffrage universel ! Bien que quelques bouchers et éleveurs aient naturellement pris part à la compétition, Galton partit du principe que « le concurrent moyen était probablement aussi bien équipé pour faire une juste estimation du poids de la viande du bœuf qu'un électeur moyen l'est afin de juger les mérites de la plupart des questions politiques sur lesquelles il vote ». Sous-entendu, pas très.

Il ordonna les estimations de la plus petite à la plus grande afin d'identifier la *médiane*, celle qui se trouve pile au milieu des autres. « Toute autre estimation est condamnée comme étant trop faible ou trop élevée par la majorité des votants », raisonna-t-il. La médiane devait donc exprimer la « voix du peuple ». Les estimations variaient grandement, de 408 kg à 680 kg, reflétant bien les différents niveaux d'expertise des compétiteurs ainsi que la difficulté du problème. Mais Galton fut surpris de constater que l'estimation médiane de 548 kg était presque parfaite, à moins de 1 % d'erreur du poids réel (543 kg) ! La *moyenne* des estimations, qu'il calculera plus tard, était encore plus proche, ne déviant de la cible que d'un demi-kilo. Bien que chacun des compétiteurs se fût trompé en moyenne de 24 kg, le jugement collectif était d'une étonnante justesse ; une seule personne dans toute la foule avait proposé une estimation aussi proche de la cible. « Le résultat donne, à mon avis, plus de crédibilité à la fiabilité d'un jugement démocratique que l'on aurait pu l'imaginer », conclut-il avec *fair-play*.

La sagesse des foules

Galton venait de documenter pour la première fois la puissance d'une intelligence collective à grande échelle, impliquant plusieurs centaines de cerveaux. Mais le vieux savant ne fit pas grand cas de sa découverte champêtre. Le rapport qu'il en fit dans la revue

Nature[1], en le qualifiant lui-même de « petite affaire », fut sa dernière contribution scientifique. Dans la fureur du xxᵉ siècle, elle fut vite oubliée… Jusqu'à ce qu'en 2004 elle soit exhumée et popularisée par le journaliste américain James Surowiecki dans un best-seller joliment intitulé *La Sagesse des foules*[2].

Ce phénomène de « sagesse des foules », comme il est désormais convenu de l'appeler, est maintenant bien documenté dans de nombreux domaines. Il obéit à trois principes que nous allons examiner. Le premier est que l'estimation collective d'un groupe, quel que soit son objet – le poids d'un bœuf, un pronostic sportif, une prévision économique, etc. –, est en général plus fiable que celle d'un membre du groupe choisi au hasard. On pourrait le formuler ainsi :

Premier principe : La moyenne des estimations est plus fiable qu'une estimation individuelle moyenne.

Par exemple, dans le cas du bœuf de Galton, les participants se trompent en moyenne de 24 kg, mais la moyenne de leurs estimations n'est qu'à 0,5 kg de la cible. Comment expliquer cet heureux tour de passe-passe ? Simplement par le fait que les sous-estimations et les surestimations se compensent les unes les autres quand on les combine. Par exemple, si un compétiteur surestime le poids du bœuf de 30 kg et qu'un autre le sous-estime de 20 kg, l'erreur moyenne sera de 25 kg

1. Galton, F. (1907) *Vox Populi*. Nature, 75.

2. *The Wisdom of Crowds*, en version originale. Cet excellent livre est à l'origine de la popularité du mot « crowd » chez les *start-uppers* : *crowdsourcing*, *crowdfunding*, etc. Publié en France en 2007 (J-C Lattès), il n'a pas eu chez nous le même succès que dans le reste du monde.

(la moitié de 30+20) alors que la moyenne de leurs estimations ne se trompera que de 5 kg (la moitié de 30-20). Quand chacun contribue son estimation imparfaite, un mélange individuel de savoir, de lacunes et de biais, alors au niveau collectif les savoirs se complètent tandis que les biais se neutralisent. En émerge une réponse objective épurée, débarrassée du bruit subjectif introduit par chacun. Ce n'est pas sans rappeler ces casques d'écoute antibruit qui produisent du silence pur en contrant activement le bruit ambiant par un bruit inverse.

Galton avait déjà noté cette magie de la moyenne trente ans plus tôt dans un contexte très différent, en explorant la photographie de portraits composites[1]. Bien avant Photoshop, il avait inventé une technique permettant de combiner plusieurs photos de visages en un seul portrait. L'un de ses premiers tests fut de superposer les gueules intimidantes d'une demi-douzaine de criminels violents : « On constatera que les traits des composites sont bien plus beaux que ceux de leurs composants », écrivit-il alors. « Les irrégularités méchantes de ces derniers ont disparu et leur humanité commune sous-jacente a prévalu. [...] Tous les composites sont plus beaux que leurs composants, parce que le portrait moyen de plusieurs personnes est exempt des irrégularités qui ternissent l'apparence de chacune d'entre elles. » D'autres chercheurs, cent ans plus tard, montreront que les visages « moyens » sont perçus comme plus beaux parce qu'ils sont plus symétriques[2]. Contre toute

1. Galton, F. (1878) *Composite Portraits*. Nature.
2. Langlois, J. et Roggman, L. (1990) *Attractive faces are only average*. Psychological Science, 1 : 2.

intuition, la beauté d'un visage, comme l'intelligence d'une foule, semble être une question de moyenne.

Si la puissance de la moyenne est contre-intuitive, c'est en partie parce que, dans le langage commun, ce qui est « moyen » est souvent déconsidéré. Le même mot est utilisé pour exprimer un jugement de valeur peu flatteur et pour dénommer une opération mathématique précise, ce qui sème la confusion dans les esprits. Comment un physique moyen pourrait-il être attirant ? Comment une opinion moyenne pourrait-elle être fine ? Des études malicieuses ont montré que même les brillants étudiants de l'école de business Insead, creuset de l'élite managériale mondiale, ont du mal à internaliser le premier principe de la sagesse des foules. En pratique, la majorité ne comprend pas vraiment que la moyenne des estimations est presque toujours plus fiable qu'une estimation moyenne – et jamais moins bonne – ni comment elle pourrait être meilleure que la meilleure estimation individuelle[1].

La puissance de la moyenne repose sur la neutralisation mutuelle des erreurs individuelles. Il en résulte que plus une foule est nombreuse, plus il y a de chances que l'erreur de l'un soit corrigée par l'erreur d'un autre. Cela nous mène au deuxième principe de la sagesse des foules :

Deuxième principe : Plus nombreuse est la foule, plus fiable est son estimation.

Galton ne disposait pas à l'époque des technologies modernes qui lui auraient permis de véri-

1. Larrick, R. et Sol, J. (2006) *Intuitions about combining opinions : misappreciation of the averaging principle*. Management Science, 52.

fier cette loi. Calculer à la main la moyenne de 787 estimations devait déjà être long et pénible... De nos jours, un ordinateur personnel et quelques notions de programmation permettent de mouliner à nouveau ces données pour tester la « sagesse » des foules de toutes les tailles intermédiaires entre une et 787 personnes. On peut ainsi vérifier que la qualité de l'estimation collective de la foule de Galton augmente bien avec le nombre. La figure 3.1 illustre le phénomène. Tout en haut à gauche, on voit que l'erreur moyenne d'une estimation individuelle était de 4,5 %. En combinant de plus en plus d'estimations tirées au hasard parmi les 787, on réduit l'erreur progressivement, jusqu'à son minimum avec la foule au complet.

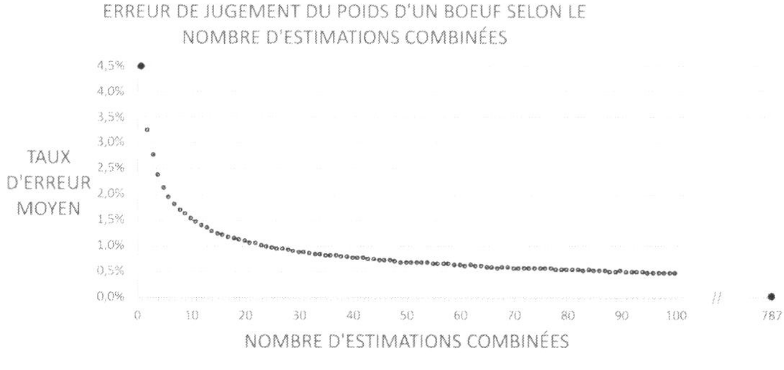

Figure 3.1 : En analysant les *data* de Galton, on constate que plus la foule est nombreuse, plus son estimation collective (la moyenne) est fiable. L'erreur moyenne individuelle est de 4,5 %. Avec 10 estimations, l'erreur n'est plus que de 1,5 %, trois fois moindre. On la divise encore par trois avec 80 personnes (0,5 %), etc., jusqu'à atteindre une erreur quasiment nulle avec la foule au complet.

Nous verrons que ce qui compte vraiment, c'est la diversité des estimations plutôt que leur nombre, mais ces deux quantités sont le plus souvent intimement liées, donc l'approximation est utile.

Dans la figure 3.1, on peut être frappé par la manière dont l'erreur diminue très vite au début, puis de moins en moins vite. Cette décélération illustre le troisième principe de la sagesse des foules :

Troisième principe : Le gain de fiabilité apporté par chaque estimation supplémentaire va en diminuant.

Le gain le plus important est obtenu en combinant deux estimations plutôt que de se fier à une seule. On gagne encore en ajoutant une troisième estimation, mais un peu moins, et ainsi de suite.

En pratique, ce rendement décroissant est une très bonne chose. D'abord parce que l'on ne dispose pas toujours de plusieurs centaines de gens à qui demander leur avis avant de prendre une décision. Ensuite, parce que l'on tire le plus gros bénéfice des premiers avis que l'on peut récolter. L'intelligence collective s'avère immédiatement payante. Mais attention : cela ne fonctionne que si les opinions sollicitées ont des bonnes chances d'être différentes ou complémentaires, sinon les biais ne pourront pas se neutraliser, ni les lacunes se compléter.

Qui veut gagner des millions ?

Les foules ne sont pas seulement compétentes pour estimer des quantités visibles comme le poids d'un bœuf. Elles peuvent aussi servir à trouver la bonne réponse à une question, même quand personne ne la connaît. Le jeu télévisé « Qui veut gagner des millions ? » en a souvent fait la démonstration.

Imaginez par exemple que l'on demande à 100 Français de deviner l'intrus dans la famille directe du président John F. Kennedy :

A) Robert Kennedy C) Joseph Kennedy
B) Douglas Kennedy D) Edward Kennedy

Seuls les connaisseurs pourraient donner la bonne réponse sans réfléchir. Et vous, quel serait votre dernier mot ?

La vaste majorité des gens n'auraient qu'une idée vague ou partielle de la réponse. Certains reconnaîtraient seulement le nom de Robert, le frère assassiné quelques années après John. D'autres, moins nombreux, se souviendraient du père, Joseph, le patriarche du clan. La plupart n'auraient juste aucune idée. De ce magma de connaissances partielles émergerait pourtant la vérité, sans trop d'effort.

Faisons le calcul pour discerner le truc sous le tour de magie. Disons par exemple que sur 100 personnes :

- 44 n'ont aucune idée de la réponse. Elles répondraient au hasard, ce qui donnerait 11 votes à chacune des options.
- 36 reconnaissent un seul membre de la famille (pas toutes le même). Elles répondraient au

hasard parmi les trois réponses restantes qui contiendraient forcément la bonne réponse. Douglas recevrait ainsi 12 votes (un tiers des 36), tandis que chacun des autres en recevrait 8 (un tiers des 24 votes restants).

- 18 reconnaissent deux membres de la famille (pas toutes les mêmes). Elles répondraient au hasard parmi les deux options restantes, Douglas et une autre. Douglas recevrait ainsi 9 votes (la moitié des 18), tandis que chacun des autres en recevrait 3 (un tiers des 9 votes restants).
- 2 connaissent la bonne réponse. Douglas recevrait leurs votes.

Le résultat est affiché dans la figure 3.2. Les lacunes se complètent, les erreurs se neutralisent mutuellement, et la bonne réponse émerge clairement. Même si personne ne connaissait la bonne réponse, elle dominerait encore les autres.

Un groupe a donc toutes les chances de trouver la bonne réponse même si personne ne la connaît. Mais, en pratique, il existe un autre type d'individus, assez commun, que nous n'avons pas encore pris en compte dans le calcul : ceux qui se trompent, mais croient détenir la vérité. Dans notre exemple, ce pourrait être quelqu'un pour qui Douglas Kennedy semble plus familier qu'Edward Kennedy et qui pencherait donc en faveur de ce dernier comme intrus dans la famille. Plus il y aurait de gens séduits par la même mauvaise réponse, moins le groupe pourrait converger vers la bonne.

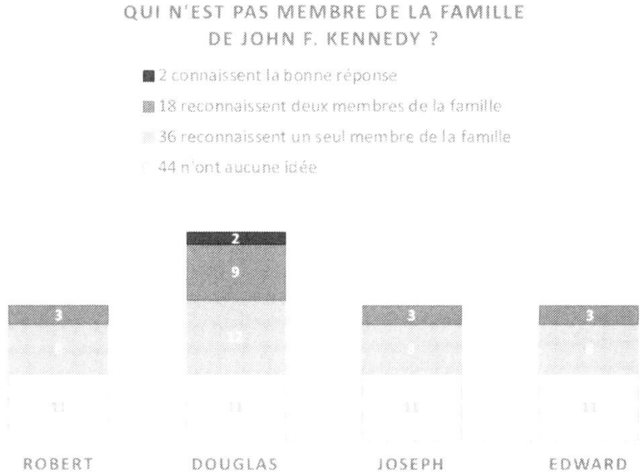

Figure 3.2 : Exemple du nombre de votes qui seraient attribués à chaque réponse si l'on demandait à 100 Français de deviner l'intrus dans la famille du président américain John Kennedy. Même si personne ne connaissait la réponse, les connaissances imparfaites se compléteraient suffisamment pour faire émerger la vérité.

Au temps de la Révolution française, le mathématicien Jean-Antoine-Nicolas de Caritat, marquis de Condorcet, avait été le premier à aborder ce sujet par les mathématiques. Sa préoccupation était la capacité d'un jury pénal à faire le bon choix entre coupable et innocent. Son fameux « théorème du jury » montre que si chaque membre a plus de 50 % de chances de voter correctement, alors plus le jury est nombreux, plus il a de chances de faire le bon choix[1]. C'est le côté lumineux du choix populaire

1. Condorcet, N. (1785) *Essai sur l'application de l'analyse à la probabilité des décisions rendues à la pluralité des voix*. Hachette BNF, 2016.

dont le citoyen-marquis, lui-même député à la Convention, était un fervent apôtre. En revanche, si chacun a moins de 50 % de chances de choisir correctement, alors plus le jury est nombreux, moins son verdict aura de chances d'être le bon. C'est le côté obscur du théorème, auquel notre héros des Lumières succombera quelques années plus tard, lorsque la Convention décidera son arrestation pour trahison.

La sagesse des fools

L'une des applications les plus utiles de la sagesse des foules est la prévision. Pour trouver des réponses fiables sur le passé ou sur le présent, il suffit souvent de demander à Wikipédia ou à Google, à un expert attitré, ou dans le cas d'un bœuf, à une balance. Mais la prévision est le domaine de prédilection de l'intelligence collective, celui où elle ne souffre aucun rival, comme nous le verrons dans le chapitre V.

À la tête du laboratoire de recherche de Microsoft à New York, David Pennock est l'un des meilleurs spécialistes de la sagesse des foules appliquée à la prévision. En enquêtant sur l'acuité d'une foule de pronostiqueurs sportifs, il mit en évidence une variante du phénomène, qu'il nomma « wisdom of fools » : la sagesse des sots.

La foule en question était composée des milliers d'adeptes du site ProbabilitySports, créé par un mathématicien amateur. On leur demandait, avant chaque match d'une saison de football américain, d'associer une probabilité de victoire à l'équipe receveuse. Cette probabilité était ensuite notée à l'aune du résultat. Une équipe victorieuse faisait gagner d'autant plus de points qu'on lui avait donné plus chances de gagner, ou perdre d'autant plus de points qu'on lui avait donné plus de chances de perdre. Par exemple, un pronostic de 90 % pouvait faire gagner 96 points en cas de victoire, ou perdre 224 points en cas de défaite. Un pronostic moins risqué de 60 % ne pouvait faire gagner que 36 points, ou en perdre seulement 44. Un pronostic de 50 % (« je ne sais pas ») ne faisait rien gagner ni perdre quoi qu'il arrive. Malgré son apparence étrange ou bancale au regard d'un novice, la règle d'attribution des points reposait sur un outil mathématique réputé pour encourager des pronostics sincères.

En étudiant les résultats du concours sur l'ensemble de la saison 2004, soit plus de 267 matchs, la première chose qui frappa Pennock fut que la plupart des pronostiqueurs étaient très mauvais. Le score moyen était de –944 points et le score médian était de –275. « Dans ce jeu, il faut se donner du mal pour obtenir un score inférieur à zéro », remarqua le chercheur. « Un pronostiqueur paresseux qui n'aurait fait que prédire 50 % de chance pour chaque équipe (l'option par défaut), aurait terminé avec zéro point. Pourtant, près de 60 % des 2 231 compétiteurs ont obtenu un score *négatif*. Ils auraient mieux fait de ne rien pronostiquer du tout[1] ! »

1. Pennock, D. (2007) *The wisdom of the ProbabilitySports crowd*. Oddhead Blog.

En revanche, comme on pouvait s'y attendre, selon le premier principe de la sagesse des foules, la combinaison des pronostics de tout le monde donnait encore une fois des résultats d'une qualité stupéfiante. Un participant hypothétique dont les pronostics seraient la simple moyenne des pronostics de tous les autres aurait fini 7e au classement sur 2 231 participants.

Mais Pennock fut soufflé par le résultat obtenu en combinant seulement les pronostics des participants les plus « sots », c'est-à-dire ceux ayant terminé le concours avec un score *négatif*. Un participant inspiré par cette sagesse des *fools* serait arrivé en 62e position, mieux que 97 % de tous les concurrents, et loin devant la 934e place obtenue par le moins mauvais du groupe des sots.

Le théorème de la diversité

Par quelle alchimie la multitude peut-elle ainsi transformer des médailles de plomb en médailles d'or ? Bien qu'énormes, les erreurs de pronostics des participants les plus nuls étaient suffisamment différentes les unes des autres pour se neutraliser mutuellement. On touche ici au cœur du réacteur de l'intelligence collective : la tension entre performance individuelle et divergences d'opinions. On pourrait se poser la question ainsi : pour obtenir la meilleure estimation groupée, vaut-il mieux faire appel à des d'experts, ou à des gens qui ne pensent pas pareil ?

Les deux, mon général ! Le sociologue Scott Page, professeur à l'université du Michigan, a découvert la formule mathématique qui décrit l'équilibre entre expertise et diversité[1] :

Théorème de la diversité : L'erreur d'une estimation collective (la moyenne des estimations) est égale à l'erreur moyenne des estimations individuelles, moins la diversité des estimations[2].

Il y a donc, mathématiquement, deux manières de réduire l'erreur collective : diminuer les erreurs individuelles, ou augmenter la variance des estimations. Dit autrement, on peut augmenter l'expertise collective soit en recrutant de meilleurs experts, soit en multipliant les points de vue.

Ce que nous dit le théorème de Page est très profond et mérite que l'on s'y attarde : l'expertise individuelle et les différences d'opinions contribuent *également* à l'intelligence d'un groupe. Il n'y a aucune raison de privilégier l'expertise à la diversité, ni l'inverse. Elles sont en quelque sorte interchangeables, comme masse et énergie dans l'équation d'Einstein.

1. Page, S. (2007) *The Difference : How the power of diversity creates better groups, firms, schools, and societies.* Princeton University Press.

2. Voici l'équation formelle pour ceux qui souhaiteraient en vérifier le mécanisme. Dans la formule, *Groupe* est l'estimation moyenne du groupe ; $individu_i$ est l'estimation d'un individu i ; N est le nombre d'individus dans le groupe ; *Vérité* est la cible à estimer.

$$\underbrace{(Groupe - Vérité)^2}_{\text{Erreur collective}} = \underbrace{\frac{1}{N} * \sum_{i=1}^{N} (individu_i - Vérité)^2}_{\text{Erreur individuelle moyenne}} - \underbrace{\frac{1}{N} * \sum_{i=1}^{N} (individu_i - Groupe)^2}_{\text{Diversité des estimations}}$$

Une équipe israélo-américaine a récemment mené une étude qui illustre parfaitement cela[1]. Des avocats ou des étudiants en droit devaient estimer le montant des dommages et intérêts que des jurys californiens avaient accordés aux plaignants dans une demi-douzaine de cas civils réels plus ou moins graves (simple blessure, accident mortel ou non-assistance à personne en danger). Avec vingt-sept ans de carrière en moyenne, les avocats étaient très expérimentés dans ce genre d'estimation, qui fait partie intégrante de leur métier. Les étudiants, en deuxième ou troisième année de droit à l'université de Stanford, étaient brillants, mais n'avaient pas d'expérience professionnelle pertinente. Les chercheurs ont évalué les estimations individuelles, mais aussi les estimations combinées de groupes de différentes tailles. Les résultats sont illustrés dans la figure 3.3.

Chez les étudiants comme chez les avocats, on voit que l'erreur diminue au fur et à mesure que l'on augmente la taille du groupe et, implicitement, la diversité des estimations. C'est le deuxième principe de la sagesse des foules qui se vérifie, sans surprise. Il est tout de même notable que les experts peuvent autant bénéficier de l'intelligence collective que les novices. Le début de la courbe des avocats dans la figure 3.3 montre que celui qui serait prêt à combiner son estimation à égalité avec celle d'un autre pourrait réduire son erreur d'un quart.

1. Jacobson, J., Dobbs-Marsh, J., Liberman, V. et Monson, J. (2011) *Predicting Civil Jury Verdicts : How Attorneys Use (and Misuse) a Second Opinion.* Journal of Empirical Legal Studies, 8 (51).

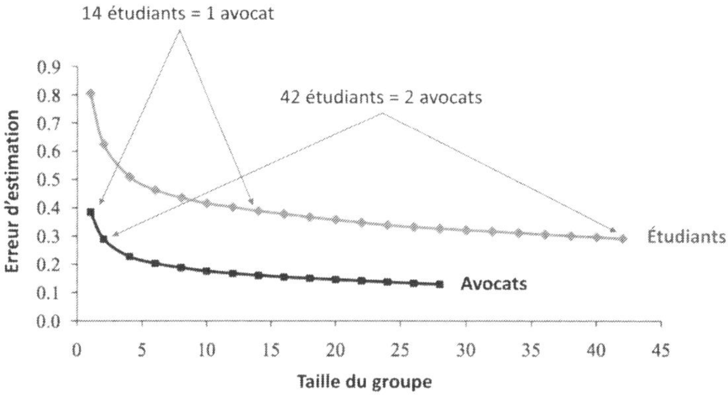

Figure 3.3 : Performances comparées de groupes d'avocats expérimentés ou d'étudiants en droit à qui l'on demande de prévoir le montant des dommages et intérêts accordés par jurys dans des procès civils. L'expérience et la diversité des opinions contribuent chacune autant à la performance collective. (Source des données : Jacobson *et al.*, 2011.)

Mais, selon les chercheurs, moins d'un avocat sur deux était prêt à donner quelque poids que ce soit à l'avis d'un confrère, et seulement un sur cinq était prêt à lui donner autant de poids qu'au sien. Cette tendance à ignorer l'avis des autres était un peu moins prononcée chez les étudiants. On voit aussi que, en nombre égal, les experts sont plus forts que les novices : l'erreur d'un avocat est en moyenne moitié moindre que celle d'un étudiant, et ce différentiel persiste, en s'amenuisant, quand on augmente la taille des groupes. Il n'y a rien d'étonnant à cela non plus.

Ce qui est plus intéressant, c'est la correspondance visible entre expertise et diversité : en groupant 14 novices, on fait aussi bien qu'*un* expert, et 42 novices rivalisent collectivement avec un *duo* d'experts.

Ces ratios spécifiques n'ont rien d'universel – ils seront plus ou moins grands selon la difficulté de la tâche –, mais ils illustrent comment la diversité peut compenser le manque d'expertise, et vice-versa.

Il y a deux leçons principales à retenir de ce que le théorème de la diversité nous dit, et de ce que cette étude nous montre. D'une part, quand on ne dispose pas d'expert pour répondre à une question, on peut, sans perte de qualité, demander à une foule diverse de personnes moins qualifiées de répondre à sa place. À l'heure où les multitudes sont facilement mobilisables sur des plateformes numériques, cela peut souvent être une alternative pratique et bon marché.

D'autre part, pour obtenir une meilleure réponse, on peut utiliser le levier de l'expertise (en interrogeant des experts plus calés), ou le levier de la diversité (en sollicitant plus de réponses différentes). Le mieux étant évidemment de se servir des deux dans la mesure du possible.

Contre la pensée unique

Les sceptiques peuvent légitimement opposer à notre démonstration nombre d'exemples de foules hurlantes et stupides. Le sociologue Gustave Le Bon écrit en 1895 un fameux livre sur le sujet qui fait encore aujourd'hui référence. Dans *Psychologie des foules*, il s'inquiète d'une nouvelle ère dans laquelle la destinée des nations est de plus en plus dictée par l'opinion populaire. Il prévient que « les foules accumulent non pas l'intelligence mais la médiocrité », ou encore que « la foule est toujours intellectuellement inférieure à l'homme isolé ». Quel commentateur, quel éditorialiste ne s'est jamais moqué – après coup – d'un mouvement de foule effrayant, d'une pensée unique fourvoyée, d'une bulle financière éclatée ?

Chacun aura ses exemples favoris. L'image qui me vient en premier – en noir et blanc – est celle d'une foule nazie levant le bras droit à l'unisson. Où est l'intelligence dans un tel attroupement ?

Cette critique n'invalide pas notre éloge scientifique de l'intelligence collective, mais elle nous oblige à affiner le propos. D'un côté, Le Bon regrette qu'un individu intelligent devienne idiot en groupe : « Par le fait seul qu'il fait partie d'une foule, l'homme descend donc plusieurs degrés sur l'échelle de la civilisation », croit-il observer. En face, Galton et les autres démontrent qu'une foule d'estimateurs médiocres peut atteindre des sommets de fiabilité. Comment résoudre le paradoxe ?

C'est le mot « foule » qui sème la confusion. Nos champions ne boxent pas sur le même ring. Sur celui de Le Bon, une foule est constituée d'individus qui s'unissent dans la rue, dans un stade ou dans un parti politique, pour le plaisir d'agir de concert et de penser la même chose, pour le meilleur ou pour le pire. Le moutonnisme, dans ce cas, n'est pas forcément un bug, plutôt une fonctionnalité. Sur celui de Galton, de Pennock ou de Page, chacun essaie au contraire de se différencier en étant plus malin que les autres pour gagner une compétition. Une foule de Le Bon presse chacun à se conformer, tandis qu'une foule de Galton les encourage à penser chacun pour soi. Conclusion : c'est seulement quand chacun réfléchit de façon indépendante que le collectif peut être intelligent.

Cela pourrait sembler contredire les conclusions du chapitre précédent sur le QI des groupes, où l'écoute et l'empathie sont essentielles. Mais cette apparente contradiction n'est que superficielle. Dans les groupes face à face ou délibératifs comme ceux de Woolley et Malone, l'écoute et l'empathie ne sont pas l'objectif mais le moyen. Elles servent à fluidifier la communication, de manière à ce que chacun puisse exprimer sa différence ou faire valoir son point de vue original, sans être pressé de se conformer à un faux consensus dicté par ceux qui parlent plus ou plus fort. Dans un groupe type « sagesse des foules », en revanche, l'indépendance des points de vue est structurelle, et une opération mathématique est chargée de prendre tous les avis en compte. Dans les deux cas, le processus sollicite et combine les avis originaux de chacun.

Alors non, docteur Le Bon, l'ennemi de l'intelligence n'est pas le nombre, c'est le conformisme. L'amie de la sagesse n'est pas l'isolement, mais la diversité.

Diversité dans la diversité

Jusqu'ici, quand nous avons évoqué la diversité, il s'agissait de diversité *cognitive*. Mais le débat public fait plus souvent référence à la diversité *ethnique*. Les arguments en faveur de la mixité en font une source de richesse culturelle ou un impératif moral. Et si cette diversité-là avait aussi un rôle à jouer dans notre intelligence collective ?

Il semblerait que ce soit le cas, mais pour des raisons qui n'ont rien de politiquement correct.

L'étude la plus pertinente sur le sujet fut menée en 2014 par une équipe internationale à Singapour et au Texas[1]. La tâche des participants était de se prendre pour des *traders* sur des marchés simulés. On leur décrivait une société cotée (mais anonyme), puis on leur demandait de boursicoter entre eux, comme sur un vrai marché financier. Pour motiver les participants à se prendre au jeu, on leur donnait un peu d'argent réel à investir. La mesure de l'intelligence collective était l'écart, le plus faible possible, entre le prix des actions sur ce marché simulé et sur le marché réel.

L'astuce de l'expérience résidait dans la composition ethnique du groupe de *traders*. Dans un cas, trois ethnies étaient mixées en proportions égales, dans l'autre, le groupe était homogène. Au Texas, les participants étaient blancs, blacks ou latinos. À Singapour, les participants venaient de Chine, d'Inde ou de Malaisie. Avant de commencer à investir, chacun devant sa console, les participants avaient brièvement aperçu la demi-douzaine d'autres dans leur groupe de *traders*. Ils savaient donc si les autres étaient tous

1. Levine, S., Apfelbaum E., Bernard, M., Bartelt, V., Zajac, E., et Stark, D. (2014) *Ethnic diversity deflates price bubbles*. Proceedings of the National Academy of Science, 11 : 52.

ethniquement similaires à eux-mêmes (marché homogène), ou si la plupart étaient différents (marché mixte).

Les résultats furent sans appel. Au départ d'une séance de *trading*, les marchés mixtes et homogènes avaient le même taux d'erreur par rapport au prix réel de référence. Mais, au fur et à mesure du boursicotage, les marchés mixtes réduisaient leur erreur initiale, tandis que les marchés homogènes la conservaient ou l'aggravaient. Résultat : à la fin d'une séance de *trading*, les prix des marchés mixtes étaient en moyenne 58 % plus justes que ceux des marchés homogènes. Les groupes ethniquement divers étaient meilleurs que les groupes ethniquement homogènes.

Selon les chercheurs, la supériorité des groupes mixtes ne peut pas être attribuée, comme d'habitude, à un supplément d'informations issu de la diversité des points de vue. Sinon, les groupes mixtes auraient surpassé les groupes homogènes dès le départ. Non, l'explication est plus sombre… L'avantage viendrait de la méfiance instinctive que nous inspirent ceux qui ne sont pas « comme nous ». Celle-ci réveillerait notre vigilance et inhiberait nos tendances conformistes. En règle générale, plus nos interlocuteurs nous sont similaires en apparence, plus on leur fait confiance sans réfléchir. Dans un marché homogène, on accepte plus facilement le prix établi par les autres. Dans un marché mixte, on négocie plus dur. Au prix de quelques frictions supplémentaires, la diversité ethnique favorise l'indépendance d'esprit… et par conséquent l'intelligence collective.

La recette de l'intelligence collective

Pour que la sagesse des foules s'exprime, résume Surowiecki dans son livre, il faut combiner quatre ingrédients. Si l'un des ingrédients vient à manquer, on risque la pensée unique. Voici donc la recette de l'intelligence collective :

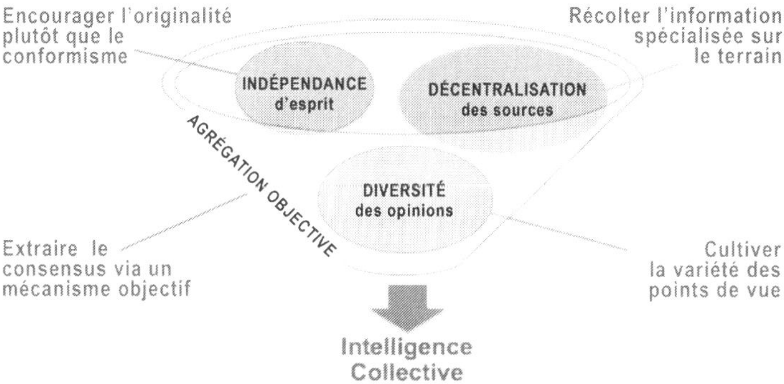

La décentralisation des sources d'information permet de coller au terrain. Le génial Sam Walton, fondateur de la chaîne de magasins discount Walmart, qui fut un temps l'homme le plus riche des États-Unis, n'avait qu'une religion : le client. Pour lui, « ceux qui parlent au client sont les seuls à savoir vraiment ce qui se passe sur le terrain ». Ce sont eux qu'il faut interroger avant de prendre des décisions. Et plus le terrain est cabossé, ou plus la visibilité est limitée, plus le point de vue de chacun, dans sa tranchée, derrière son muret, ou sur sa colline, est nécessaire pour fournir au décideur une vue d'ensemble complète.

L'indépendance d'esprit doit être encouragée afin d'éviter les pièges du conformisme, qui mène si facilement au consensus mou et trompeur. La hiérarchie, l'autorité, l'éloquence au service de fausses certitudes sont autant d'obstacles au QI d'un groupe. Par exemple, il y a peu de situations plus stressantes et moins favorables à l'expression d'une pensée divergente que de se faire questionner par son patron en présence de ses collègues. Les questionnaires ou forums en ligne anonymes offrent plus de liberté d'esprit.

La diversité des points de vue doit être activement cultivée, car c'est la meilleure manière de contrer la subjectivité et les lacunes de chacun. C'est d'ailleurs le rôle des deux premiers ingrédients que de maximiser ce troisième. Il ne sert à rien d'être nombreux si tout le monde pense pareil.

Il faut enfin une méthode capable d'extraire *objectivement* l'opinion collective. Cela peut être un vote majoritaire, des enchères, une moyenne arithmétique, une procédure réglée (comme pour Wikipédia), un algorithme (Google), ou même un tirage au sort. En tout cas, cela ne peut pas être l'avis d'un rapporteur privilégié qui se ferait l'arbitre des contributions des autres.

Et si cette recette était celle de l'intelligence tout court ?

CHAPITRE IV

L'intelligence est collective

« Toute la connaissance est dans les connexions. »

David Rumelhart, Geoffrey Hinton, James McClelland.

« Je crois que je suis d'accord avec toi », me glisse Tom Malone, le patron du centre de recherche sur l'intelligence collective au MIT.

Nous sommes en 2015, à Santa Clara, dans la Silicon Valley, où se tient la conférence scientifique annuelle sur l'intelligence collective que Tom a lancée quelques années plus tôt. S'y retrouvent des chercheurs de disciplines diverses : des sciences cognitives aux sciences politiques, de la sociologie à l'entomologie, de la robotique au management. On y discute autant de démocratie que de termitières, d'évolution que de sagesse des foules, et de tout ce qu'il serait possible de faire mieux ensemble avec les nouvelles technologies qui permettent d'extraire l'intelligence du collectif.

Cette année-là, j'étais invité à présenter une nouvelle thèse un peu subversive : et s'il n'y avait pas de différence entre l'intelligence collective et l'intelligence tout court ? Et si les autres formes d'intelligence, artificielle ou cervelle, étaient *aussi* collectives ? Cela nous aiderait, peut-être, à remettre en question le culte du génie individuel qui imprègne tant la culture occidentale et fonde, autant qu'il aveugle, nos méritocraties, nos hiérarchies, nos organisations, nos systèmes éducatifs, et les histoires que l'on se raconte sur la grande Histoire.

C'est à la fois excitant et anxiogène de soumettre une idée nouvelle au regard des autres. Le commentaire bienveillant de Tom ce jour-là m'a encouragé à la développer.

Les machines pensantes

L'étude moderne de l'intelligence a débuté au milieu des années 1950, grâce aux nouvelles possibilités qu'offraient les ordinateurs. La première intelligence artificielle (IA) fut créée en 1956 par Herbert Simon, qui reçut plus tard le prix Nobel d'économie, et ses complices informaticiens, Allen Newell et Cliff Shaw. Leur programme, appelé « *Logic Theorist* », était capable de raisonner dans le but de prouver des théorèmes de logique. Cette prouesse rendit soudain tangible ce qui semblait encore farfelu à l'époque : d'une part, que des machines pouvaient être conçues pour « penser » et, d'autre part, que la pensée humaine pouvait être comprise avec suffisamment de précision pour être décrite par des programmes informatiques. De là naquirent deux sciences jumelles, qui se stimulent l'une l'autre depuis soixante ans : l'intelligence artificielle et la psychologie cognitive. Ces recherches ont produit des modèles informatiques de plus en plus précis de la façon dont le cerveau produit la pensée, ainsi que quelques puissantes intelligences artificielles qui ont franchi des jalons emblématiques, comme celui de battre les meilleurs champions d'échecs ou de go, de conduire nos voitures ou de traduire nos langues.

Une cervelle et une IA sont deux machines pensantes, mais elles n'ont aucune raison, *a priori*, de penser de la même façon. En concevant leurs avions, les ingénieurs aéronautiques n'essaient pas d'imiter le vol des oiseaux. Les contraintes physiologiques, énergétiques et fonctionnelles sont radicalement différentes. Les objectifs à atteindre aussi. Le cerveau est une intelligence générale, conçue pour survivre et reproduire l'espèce dans un monde changeant et dangereux, tout en étant confiné dans une petite boîte crânienne. Les IA les plus performantes sont spécialisées pour résoudre chacune un problème particulier – jouer au go, reconnaître les visages, conduire une voiture, traduire une phrase, etc. – sans véritables contraintes de mémoire ou de taille, ni d'enjeux existentiels. Le résultat est que les IA ne pensent pas comme nous. Garry Kasparov, le dernier champion du monde d'échecs, en fit la désagréable expérience : « Je pouvais sentir – je pouvais flairer – une nouvelle forme d'intelligence de l'autre côté de la table », témoigna-t-il après avoir perdu une première partie contre l'ordinateur Deep Blue en 1996.

Et pourtant, malgré tout ce qui différencie les intelligences naturelle et artificielle, on constate qu'elles adhèrent à un même principe fondamental : elles émergent l'une et l'autre des interactions d'un *collectif* d'entités moins intelligentes. Les neuroscientifiques s'accordent sur le fait que le cerveau humain doit, d'une manière ou d'une autre, fabriquer son intelligence supérieure à partir des échanges entre milliards de cellules nerveuses. « On peut construire un esprit à partir d'une multitude d'agents, dont chacun est dénué d'esprit », résume de son côté Marvin Minsky, un cofondateur du laboratoire d'intelligence artificielle au MIT. Les notions d'intelligence et de collectif sont intimement liées, et pas seulement dans les colonies d'insectes.

Cependant, on sait qu'il ne suffit pas d'être en nombre pour avoir de l'esprit. D'où l'intérêt de la recette proposée par Surowiecki (au chapitre précédent) pour constituer des groupes intelligents plutôt que des foules écervelées. Surowiecki avait en tête des groupes de *gens*, mais il me semble que sa recette de l'intelligence collective s'applique aussi bien à des groupes composés de toutes sortes d'entités capables de traiter de l'information et d'échanger entre elles, dans un cerveau ou dans un ordinateur. En cela, cette recette pourrait être celle de l'intelligence tout court.

La voici donc reformulée : l'intelligence se fabrique à partir d'un groupe d'entités moins intelligentes. Celles-ci doivent fournir des informations variées (diversité) en s'appuyant sur leurs propres connaissances spécialisées ou localisées (décentralisation). Elles doivent être sollicitées sans être indûment influencées par les autres (indépendance). Enfin, un mécanisme objectif doit combiner les informations pour déterminer l'opinion ou l'action du groupe (agrégation).

Le système de Surowiecki

Pour avancer cette thèse, il faut être précis. À quoi devrait ressembler une entité capable de traiter de l'information selon la recette de l'intelligence collective de Surowiecki ?

À quelque chose comme ce qui est représenté dans la figure 4.1. En hommage, j'appelle cela un « système de Surowiecki ». C'est l'organisation fondamentale d'une intelligence collective :

- Le système est alimenté par de multiples autres systèmes (contributeurs). Ils apportent chacun de l'information à *l'agrégateur* qui calcule et débite un résultat.
- Ce résultat peut à son tour alimenter d'autres systèmes, et ainsi de suite tout au long d'une chaîne. Il peut aussi alimenter ses propres contributeurs, créant ainsi une boucle.
- Chaque contributeur opère quasiment ou totalement *indépendamment* des autres. Il apporte directement son information à l'agrégateur du système sans subir d'interférence.
- Les contributions sont *diverses*, car chaque contributeur obtient son information de sources différentes, ou la traite de manière différente avant de la passer à l'agrégateur.

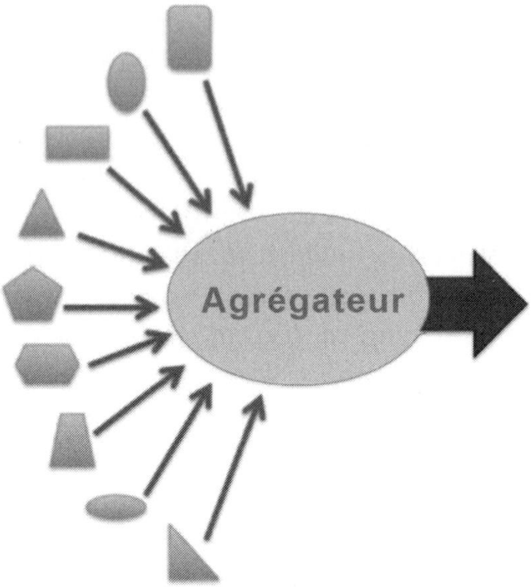

Figure 4.1 : Un *système de Surowiecki* traite l'information selon la recette de l'intelligence collective proposée par James Surowiecki dans *La Sagesse des foules* : décentralisation des sources, indépendance et diversité des signaux entrants, puis calcul d'une réponse par l'agrégateur.

Un système de Surowiecki incarne, par définition, une intelligence collective. Si l'intelligence *est* collective, on doit pouvoir retrouver ce schéma dans l'architecture du cerveau et des IA les plus performantes.

Le cerveau est une foule intelligente

Pour autant que l'on sache, le cerveau humain est l'objet le plus complexe de l'univers. Nous sommes encore loin d'en avoir élucidé tous les mystères, mais une chose est déjà acquise : malgré l'aspect à peu près homogène de la cervelle, son organisation est *modulaire*, c'est-à-dire que chaque partie du cortex (la matière grise) est dédiée à une faculté mentale particulière. De nos humbles neurones jusqu'à nos hémisphères, les modules simples se combinent en modules de plus en plus complexes qui fonctionnent comme… des systèmes de Surowiecki.

Comme nous, nos cellules nerveuses sont conçues pour vivre en société. Chacun des cent milliards de neurones du cerveau reçoit par ses dendrites (voir figure 4.2) les signaux, décentralisés et indépendants, d'environ mille autres neurones alentour. Le message que fait passer chacun, avec plus ou moins de force, vise soit à exciter le neurone cible, soit à l'inhiber. Le corps de la cellule agrège tous ces signaux, au rythme d'environ mille additions ou multiplications de nombres réels cent fois par seconde. Quand la combinaison des signaux excitants surpasse suffisamment celle des signaux inhibiteurs, le neurone décharge son propre signal le long de son axone (voir figure 4.2) afin de tenter d'exciter ou d'inhiber tous les autres neurones auxquels il est connecté en aval. La ressemblance avec le schéma d'un système de Surowiecki est frappante. À leur échelle modeste mais fondamentale, un neurone et ses contributeurs constituent déjà une intelligence collective.

Plus haut dans l'organisation des modules du cortex, des réseaux de neurones spécialisés sont assemblés en quatre paires de lobes dont les rôles sont assez bien identifiés. Ils se divisent les tâches, mais collaborent étroitement : les lobes frontaux s'occupent de la planification et du contrôle de nos raisonnements, de nos émotions et de nos actions. Les lobes temporaux, sous les tempes, gèrent la mémoire. Les lobes pariétaux, sous le crâne, gèrent nos sensations, nos représentations mentales et notre rapport à l'espace. Enfin, les lobes occipitaux, à l'arrière, traitent les signaux visuels captés par nos rétines.

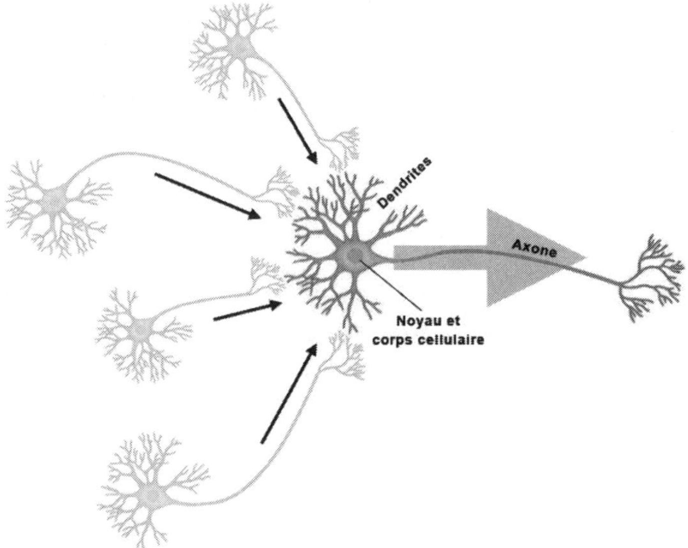

Figure 4.2 : Un neurone est un système de Surowiecki, c'est-à-dire une intelligence collective.

Les lobes eux-mêmes appartiennent à l'un des deux hémisphères cérébraux, droit ou gauche, qui considèrent le monde de façon très différente – à quoi servirait d'avoir deux hémisphères s'ils pensaient pareil ? Le gauche est plus analytique, verbal et soucieux du détail, tandis que le droit est plus sensible, spatial et préoccupé par l'ensemble. Les conséquences de cette spécialisation hémisphérique peuvent être spectaculaires, comme l'illustre dans la figure 4.3 un test de mémoire visuelle chez des victimes d'accidents cérébro-vasculaires. Quand on leur demande de reproduire de mémoire des formes globales composées d'autres formes plus petites, ceux dont l'hémisphère gauche est abîmé ignorent les détails. À l'inverse, ceux qui sont atteints à l'hémisphère droit ne reproduisent *que* les détails et ignorent l'ensemble[1]. Un cerveau sain, tel un système de Surowiecki, produit une image complète en agrégeant, sans que l'on en soit conscient, les deux visions du monde formulées indépendamment par ses deux hémisphères.

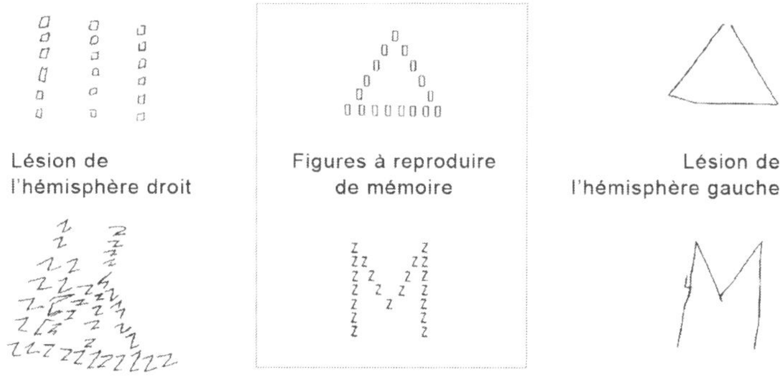

Figure 4.3 : Démonstration de la spécialisation des hémisphères droit et gauche en ce qui concerne la perception et la mémoire visuelle. (Illustration adaptée de Robertson et Lamb, 1991.)

1. Robertson, L. et Lamb, M. (1991) *Neuropsychological contributions to theories of part/whole organization.* Cognitive Psychology, 23.

Les deux hémisphères collaborent de même au niveau du langage. Chez la grande majorité d'entre nous, en particulier les droitiers, les facultés de compréhension et de production du langage sont hébergées dans l'hémisphère gauche. Cela fut découvert au cours du XIXe siècle par le médecin français Paul Pierre Broca, et c'était la première fois que l'on localisait précisément une faculté mentale dans le cerveau[1]. L'aire de Broca, dans le lobe frontal gauche, maîtrise la syntaxe. Si elle est lésée, on a beaucoup de mal à s'exprimer, même si l'on n'en pense pas moins. Un peu plus tard, le neurologue allemand Carl Wernicke découvrit une autre aire du contrôle du langage, toujours dans le cerveau gauche, mais plus en arrière, au-dessus de l'oreille, à la frontière entre les lobes temporal et pariétal : l'aire de Wernicke maîtrise la sémantique. Si elle est lésée, on tient des propos incohérents, mais avec des phrases correctement construites[2].

À la fin du XXe siècle, on découvrit de plus que les aires de Broca et de Wernicke ont leurs homologues dans l'hémisphère droit[3,4]. À quoi servent-elles ? À manier et à décoder la prosodie, c'est-à-dire la *mélodie*

---

1. Broca, P. (1865) *Sur le siège de la faculté du langage articulé*. Bulletin de la Société d'anthrophologie, 6.

2. Wernicke, C. (1908) *The symptom-complex of aphasia*. Dans Church, A. (ed.) *Diseases of the Nervous System*. Appleton.

3. Heilman, K., Scholes, R., et Watson, R. (1975) *Auditory affective agnosia. Disturbed comprehension of affective speech*. Journal of Neurology, Neurosurgery, and Psychiatry, 38.

4. Ross, E. (1981) *The aprosodias : Functional-anatomic organization of the affective components of language in the right hemisphere*. Archives of Neurology, 38.

du langage : tout ce qui concerne le rythme, le stress, l'accent et l'intonation qui, au-delà des mots, mettent l'émotion dans nos paroles.

Le verbe, ce véhicule privilégié de notre intelligence, émerge donc lui aussi de l'effort collectif de multiples modules aux contributions spécialisées, indépendantes et diverses.

Le collectif de la pensée

La fonction du cerveau est de produire la pensée. Celle-ci n'est pas faite de neurones et d'impulsions électriques, mais d'informations et d'algorithmes. Elle est au cerveau ce qu'un logiciel est à un ordinateur, et c'est la tâche des cogniticiens que d'en comprendre le programme, c'est-à-dire l'organisation et le flux.

En 1991, sachant qu'il n'avait plus que quelques mois à vivre, Allen Newell donna une dernière série de conférences à Carnegie Mellon. Dans l'amphithéâtre comble, au milieu de mes camarades et professeurs, j'étais d'autant plus attentif que Newell était, avec son compère Herbert Simon, l'un des trois membres de mon comité de thèse. C'est à cette occasion qu'il formula précisément la question qui avait animé toute sa vie scientifique depuis la création de *Logic Theorist*, et qu'il nous exhortait à résoudre : « Comment la pensée humaine peut-elle se dérouler dans l'univers physique[1] ? » Autrement dit, comment est-elle orga-

1. Le moment fut immortalisé en vidéo : https://www.youtube.com/watch?v=mK2jaKXt_hg

nisée, quels en sont les rouages, et comment le cerveau fait-il tourner ce programme très particulier ?

La question de Newell est vaste et profonde. Elle demande non seulement de comprendre en détail la perception, la mémoire, le raisonnement, l'action et l'apprentissage, mais aussi comment ces facultés travaillent ensemble pour produire notre intelligence. Aujourd'hui, une telle « théorie unifiée de la pensée » est déjà bien avancée. Dénommée de manière un peu austère ACT-R (« Adaptive Control of Thought – Rational »), elle peut non seulement expliquer le flux de la pensée à un niveau symbolique et abstrait, mais est aussi capable de suivre nos raisonnements à la trace dans le cerveau. Par exemple, elle peut prédire à quel moment chaque partie de la cervelle d'un élève va s'allumer pendant qu'il est en train d'accomplir une tâche relativement longue et complexe comme la résolution d'une équation algébrique[1].

Le développement d'ACT-R est mené depuis plus de quarante ans par John R. Anderson, à cheval entre les départements d'informatique et de psychologie de Carnegie Mellon. Ce grand timide à l'élocution parfois difficile n'a pas le charisme d'un Simon ou d'un Newell, mais sa vision scientifique est aussi large et profonde que sa plume est élégante et limpide. En 2011, il a reçu la prestigieuse médaille Benjamin Franklin dans les sciences informatiques et cognitives « pour le développement de la première théorie computationnelle à grande échelle des processus

1. Anderson, J.R. (2007) *How can the human mind occur in the physical universe ?* Oxford University Press.

par lesquels les humains perçoivent, apprennent et raisonnent ». Aujourd'hui, ACT-R est devenue une œuvre collective, grâce aux contributions de plusieurs centaines de chercheurs dans une vingtaine de pays. Une collaboration d'une telle ampleur est excessivement rare en sciences sociales et montre à quel point sa théorie est fédératrice.

ACT-R est une prouesse scientifique fabuleuse, mais le plus intéressant ici est à quel point ce pinacle de notre compréhension des rouages de la pensée humaine est compatible avec un système de Surowiecki, donc avec une intelligence collective.

Pour voir cela, il faut décrire au moins dans les grandes lignes le modèle ACT-R. La pensée y est organisée en plusieurs modules fonctionnels dont les calculs sont principalement internes, mais qui rendent régulièrement leurs résultats disponibles via des « guichets ». Par exemple, quand on demande au module de la « mémoire déclarative » (mémoire des faits) d'effectuer une recherche, il livre les résultats à son guichet, exactement comme Google affiche ses résultats sur votre écran sans que vous ayez à vous préoccuper de sa mécanique interne.

En plus du module de la mémoire déclarative, quatre modules sensori-moteurs sont dédiés à la perception visuelle, la perception auditive, l'action manuelle et l'expression vocale – la liste n'est évidemment pas exhaustive, mais permet déjà d'accomplir beaucoup de tâches intellectuelles. Il y a aussi un module dédié à la gestion de nos objectifs (ce que l'on s'est mis en tête d'accomplir), et un module

« imaginal » qui gère la représentation dynamique du problème que l'on essaie de résoudre.

À chaque instant, le contenu des guichets des différents modules constitue notre *mémoire de travail.* C'est l'infime partie de tout ce qui se passe dans notre cerveau dont nous pouvons être conscients. L'emplacement anatomique des guichets est indiqué dans la figure 4.4.A.

Tous ces modules fonctionnent en parallèle, chacun de son côté et à son propre rythme. Afin de coordonner leur activité en un flux de pensée cohérent, un module « procédural » central sert de quartier général *via* lequel tous les autres modules communiquent indirectement. Sur le plan anatomique, le module procédural correspond aux *ganglions de la base*, un ensemble de structures sous-corticales situé au centre du cerveau et qui est connecté directement, ou indirectement *via* le cortex frontal, à presque toutes les régions du cortex.

La connaissance « procédurale » est ainsi nommée, car elle consiste en un grand nombre de règles au format « si *conditions*, alors *actions* ». Leur activation est subordonnée au contenu des guichets des autres modules, soit : les objectifs que nous poursuivons, une représentation du problème à résoudre, quelques connaissances déclaratives pertinentes, et les informations que nous captons de l'environnement grâce aux modules sensori-moteurs. Voici pour l'exemple deux règles parmi la douzaine que nos cerveaux ont appris à appliquer quand nous souhaitons retirer de l'argent à un distributeur :

Règle 1 :

SI

- o *Mon objectif immédiat est de tirer de l'argent au distributeur ;*
- o *Le distributeur me demande de taper mon code ;*

ALORS

- ➩ *Retrouver en mémoire mon code ;*
- ➩ *Créer le sous-objectif de taper mon code ;*
- ➩ *En faire mon objectif immédiat ;*

Règle 2 :

SI

- o *Mon objectif immédiat est de taper mon code ;*
- o *Mon code est WXYZ ;*
- o *Je n'ai pas encore commencé à taper mon code ;*

ALORS

- ➩ *Créer l'objectif de taper le premier chiffre de mon code : W ;*

La première partie d'une règle vérifie si un certain nombre de conditions sont satisfaites par l'information présente dans la mémoire de travail. La seconde partie donne des instructions aux autres modules qui permettront d'accomplir la prochaine étape d'un raisonnement ou d'un comportement pertinent. Dans l'exemple ci-dessus, la première règle commandera au module de la mémoire déclarative de retrouver mon code, et au module des objectifs de mettre la priorité sur un nouvel objectif plus restreint. La seconde règle, elle, commandera au module manuel de taper un chiffre. Ces commandes auront pour effet de modifier le contenu des guichets des modules sollicités, ce qui permettra ensuite à d'autres règles de s'appliquer pour continuer à raisonner ou à agir intelligemment à la poursuite de nos objectifs.

Le module procédural contrôle ainsi le flux de la pensée *via* un grand nombre de règles qui déclenchent des actions mentales élémentaires en réponse au contenu de la mémoire de travail. Toutes les cinquante millisecondes, la règle la plus appropriée se déclenche et le cycle recommence. C'est le rythme fondamental du mental. Contrairement à l'expérience subjective que l'on en a, notre pensée n'est pas un flot continu. Comme un film, elle est faite d'étapes discrètes qui s'enchaînent très vite, à raison d'environ vingt par seconde.

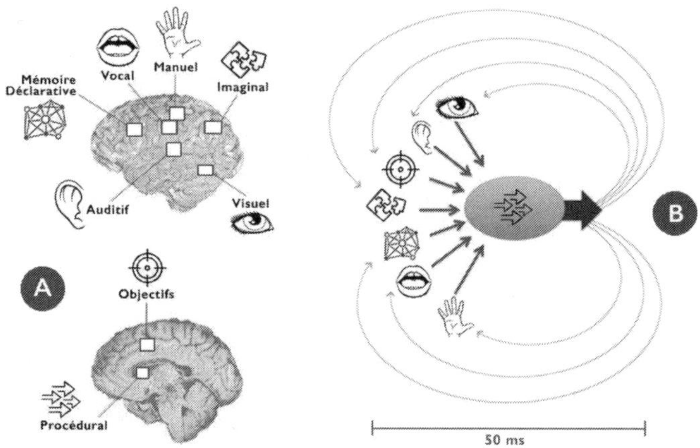

Figure 4.4 : Architecture de la pensée, selon la théorie ACT-R. Le panel (A) localise dans le cerveau les guichets des différents modules qui opèrent indépendamment et en parallèle. Leurs homologues dans l'hémisphère opposé ne sont pas montrés. Le panel (B) décrit le cycle de la pensée qui se répète toutes les cinquante millisecondes : chaque module fournit le dernier résultat de ses calculs au module procédural central qui les agrège afin de choisir les actions qui solliciteront à nouveau les modules.

La figure 4.4.B illustre ce cycle cognitif d'ACT-R. On y reconnaît un système de Surowiecki où chaque module fournit indépendamment ses informations spécialisées au module procédural. Celui-ci les agrège pour décider de la suite des opérations.

De ce point de vue, celui d'une théorie qui capture l'état de l'art des sciences cognitives, le cœur de l'intelligence humaine bat au rythme d'une intelligence collective.

Les IA les plus puissantes sont collectives

Dans son autobiographie[1], Herbert Simon raconte une anecdote cocasse sur le début de l'intelligence artificielle. Six mois avant de faire tourner *Logic Theorist* pour la première fois, à grand renfort de cartes perforées sur un de ces ordinateurs bâtis comme des armoires qui occupaient une pièce entière, Newell et lui souhaitaient s'assurer de la cohérence de l'algorithme. Ils organisèrent alors une simulation d'un genre particulier. Ils décomposèrent d'abord leur programme en un jeu de cartes spécifiant chacune une mini-procédure de calcul ou une opération de mémoire élémentaire. Ensuite, ils les distribuèrent à la femme et aux enfants de Simon, ainsi qu'à quelques étudiants recrutés pour l'occasion. Chacun était chargé d'exécuter fidèlement le calcul élémentaire spécifié sur sa carte à chaque fois que l'algorithme

1. Simon, H. (1991) *Models of my life*. Basic Books.

ferait appel à lui. Sans réfléchir, rien qu'en suivant scrupuleusement le va-et-vient du programme entre leurs différentes cartes, les acteurs de cette pièce historique déroulèrent le raisonnement de l'IA jusqu'à sa conclusion. « Nous avons ainsi pu faire tourner *Logic Theorist* sur un ordinateur fait de composants humains », raconte Simon. « Nos enfants avaient neuf, onze et treize ans. Ils en conservent un souvenir impérissable. »

Cette anecdote illustre à quel point les liens entre l'intelligence artificielle et le collectif sont aussi anciens que l'IA elle-même. Ils sont durables, aussi. Il suffit pour s'en rendre compte d'examiner les entrailles des IA modernes les plus performantes.

Le premier coup d'éclat de l'IA fut la victoire écrasante du programme Deep Blue face à Garry Kasparov, le plus grand champion humain d'échecs que le monde ait jamais connu. Kasparov était plus qu'un champion d'échecs. Pour le grand public, il était une *rock star* de l'intelligence, presque au même niveau qu'Einstein. Pour les chercheurs en IA, il était l'homme à abattre. La bataille fut longue et rude, mais, le 11 mai 1997, l'homme s'inclina, humilié, le visage entre les mains. Ce jour-là, nous étions tous Garry.

Quel était le secret de Deep Blue ? Le succès d'un joueur d'échecs, comme celui d'un guerrier, repose à la fois sur la ruse et la force. La ruse, c'est la capacité à évaluer correctement le potentiel d'une position sur l'échiquier. La force, c'est la capacité à imaginer un grand nombre de coups à l'avance. Si l'on pouvait facilement imaginer toutes les séries de coups possibles, jusqu'à la fin de la partie, on n'aurait pas besoin d'être rusé. Il suffirait de choisir le prochain coup dans la séquence qui mène certainement à la victoire finale. Mais plus on se projette dans une partie, plus il y a de coups à imaginer, et aux échecs leur nombre devient rapidement si grand que même un cerveau surentraîné comme celui de Kasparov ne peut pas les considérer tous. Par exemple, s'il a dix coups possibles à jouer, et que son adversaire peut répondre de dix façons différentes à chacun, il a déjà cent positions à évaluer. S'il voulait se projeter ne serait-ce que six coups en avance – trois pour lui et trois pour son adversaire – il lui faudrait évaluer un million de positions !

Face à cette explosion combinatoire, la seule solution est d'élaguer l'arbre des possibilités en ne considérant que les coups les plus prometteurs, c'est-à-dire ceux qui mènent aux positions qui *semblent* les plus favorables. Si un joueur peut n'examiner à chaque tour que les deux meilleurs coups au lieu des dix possibles, alors il peut se projeter six coups à l'avance en n'évaluant que soixante-quatre positions au lieu d'un million. Ça, c'est humainement possible. Le problème revient alors à choisir les bons critères pour évaluer une position, et à les pondérer correctement les uns par rapport aux autres : la valeur des pièces sur l'échiquier, la sécurité du roi, la capacité d'attaque… L'attrait du jeu vient précisément du fait que ce n'est pas une science exacte : « Différents joueurs de même niveau ont souvent des opinions très différentes sur une position donnée et recommandent des coups et des stratégies complètement différentes », explique Kasparov[1].

L'intelligence d'un joueur d'échecs, qu'il soit cerveau ou robot, se situe là, dans la fonction d'évaluation des positions qui combine divers points de vue indépendants sur l'échiquier. La figure 4.5 illustre cette combinaison. On y reconnaît la forme familière d'un système de Surowiecki. Le reste n'est que vitesse ou mémoire brute. Plus maligne est la fonction d'évaluation, moins nombreuses sont les positions que le joueur a besoin d'examiner pour trouver un chemin vers la victoire, donc moins il a besoin de calculer vite.

Pour progresser, les créateurs d'intelligences artificielles ont toujours balancé entre l'utilisation de la force et de la ruse. Pendant longtemps, les ordinateurs ne furent pas assez puissants pour briser le mur combinatoire des échecs. Leurs processeurs n'étaient pas assez rapides pour examiner suffisamment de positions à l'avance. Les machines n'étaient pas assez fortes pour se passer de ruse, alors les chercheurs essayaient tant bien que mal d'imiter les raisonnements de champions comme Kasparov. Mais ceux-ci défiaient la compréhension et l'imitation… Jusqu'à ce qu'un jour les limites techniques eussent assez reculé pour ne plus avoir besoin de réfléchir beaucoup. « Ne le faites pas penser, faites-le marcher ! » exhortait le commanditaire IBM aux concepteurs de Deep Blue, tout en leur accordant un budget quasi illimité. Et c'est ainsi que Kasparov finit par s'incliner devant une

1. Kasparov, G. et Greengard, M. (2017) *Deep Thinking*, John Murray.

force mécanique supérieure capable, en trois minutes réglementaires, d'examiner 60 milliards de positions tout en faisant tourner 256 processeurs en parallèle.

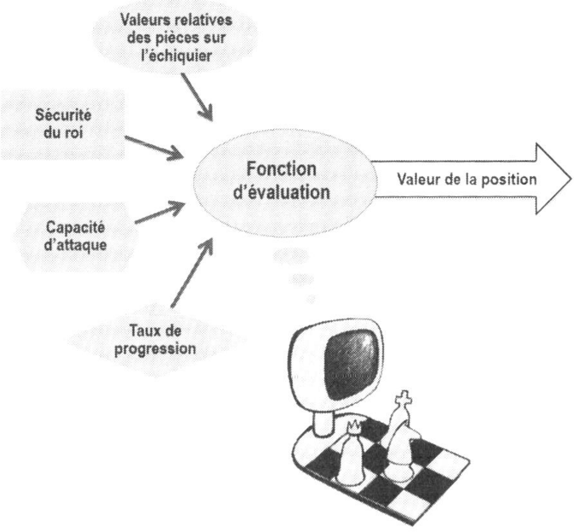

Figure 4.5 : Le système de Surowiecki au cœur de l'intelligence d'un programme d'échecs (dessin de Philippe Andrieu).

L'histoire de l'intelligence artificielle aurait pu s'arrêter là. Mais cette conception de l'intelligence, presque entièrement fondée sur la vitesse, se révéla être une impasse. IBM ne put jamais l'appliquer à quelque chose d'utile. D'autres jeux, comme le go, étaient protégés des barbares électroniques par des murailles combinatoires plus élevées encore – trop pour succomber un jour à ce genre d'attaque simpliste. Le duel Deep Blue-Kasparov n'avait finalement prouvé qu'une seule chose, constate le champion déchu : « Les échecs n'étaient pas un jeu suffisamment profond pour obliger les chercheurs en IA à chercher une autre solution que la vitesse. »

Alors qu'avec Deep Blue s'achevait, en queue de poisson, un premier chapitre de l'histoire de l'IA, un autre, radicalement différent, commençait à s'écrire avec l'avènement du Web, des *big data* et des réseaux de neurones artificiels. Sur ces bases nouvelles, l'IA allait rapidement passer à un niveau d'intelligence supérieur… notamment grâce à l'injection d'une large dose d'intelligence collective dans les algorithmes.

L'ordinateur *Watson* d'IBM fut le premier grand succès technique et médiatique de la nouvelle ère. En 2011, il écrasa en *prime time* les meilleurs champions du jeu télévisé américain *Jeopardy*. Dans ce jeu, les candidats doivent répondre en quelques secondes à des questions de culture générale ou populaire formulées de manière souvent alambiquée. Par exemple, étant donné l'indice « Le fromage Sakura de Hokkaido est un fromage à pâte molle aromatisé aux feuilles de cet arbre fruitier », il faut répondre : « Cerisier ». Même sans la pression de la compétition et du peu de temps imparti pour trouver la réponse, le défi était immense pour un ordinateur. Il fallait comprendre la question exprimée en langage naturel, identifier le type de réponse à apporter, émettre des hypothèses à partir d'une base de données gigantesque couvrant potentiellement l'ensemble de la connaissance humaine, sélectionner l'hypothèse la plus probable et – parce qu'on perd beaucoup de points quand on se trompe – estimer son degré de certitude avant de choisir entre parler ou se taire.

Pour remporter ce défi, l'équipe d'IBM a dû innover sur tous ces fronts. Mais la clé du succès de *Watson* fut une idée aussi simple que contre-intuitive, et presque contre-culturelle pour des informaticiens : ne pas chercher à développer *le meilleur* algorithme pour chacune des phases du problème. Au lieu de cela, donner leur chance à *des centaines* d'algorithmes imparfaits, les laisser attaquer chaque phase du problème sous une multitude d'angles différents, puis agréger leurs résultats[1]. L'intelligence de *Watson* repose sur la sagesse d'une foule d'algorithmes.

David Gondek, le jeune chercheur en charge des algorithmes et de la stratégie, se souvient de ce moment crucial où l'intelligence collective s'est retrouvée au cœur de l'intelligence artificielle : « En combinant les scores obtenus par différents algorithmes, nous avions fait un grand bond en avant ; une amélioration [de performance] de 10 % ! Et je me suis dit : Ah, ah ! Il y a vraiment quelque chose d'intéressant dans cette idée de demander à une multitude d'algorithmes d'attaquer le problème. Ensuite, on laissera le système apprendre auxquels faire le plus confiance et comment fusionner les résultats[2]. »

Les chercheurs en IA ne parlent jamais d'intelligence collective. À la place, ils utilisent le terme technique de « méthode ensembliste ». Peut-être

1. Ferrucci, D. *et al.* (2010) *Building Watson : An overview of the DeepQA Project*. AAAI Magazine, Fall 2010.

2. IBM-Watson, « Why Jeopardy ? » : https://www.youtube.com/watch?v=ZvDyE9Guwls

ne s'en rendent-ils pas compte, mais il s'agit de la même chose. Quand le problème à résoudre est trop difficile pour un seul algorithme, ou quand on ne peut pas savoir à l'avance lequel de plusieurs algorithmes sera le plus performant, on en fait tourner plusieurs en parallèle. Ensuite, on extrait le consensus de l'ensemble, soit par vote quand il faut choisir, soit par moyenne quand il faut estimer. Si on s'inscrit dans la durée, on peut aussi ajouter une capacité d'apprentissage (« *machine learning* ») en augmentant progressivement l'influence relative des algorithmes les plus performants et en déconsidérant l'opinion des maillons faibles.

Depuis Deep Blue, on a petit à petit abandonné l'idée d'écrire des algorithmes dont l'intelligence repose sur des raisonnements logiques sophistiqués. Au lieu de cela, on est revenu à l'idée d'imiter le fonctionnement du cerveau, notamment sa capacité à raisonner par analogies et à généraliser à partir d'exemples : vous avez appris à parler sans connaître les règles grammaticales et à différencier les chats des chiens sans qu'on vous en donne des définitions formelles. Ainsi, les chercheurs câblent des réseaux de neurones artificiels, puis les abreuvent d'exemples – de phrases, de chats, de chiens – jusqu'à ce qu'ils dégagent par eux-mêmes des règles générales satisfaisantes[1]. Le plus souvent, les règles purement sta-

1. L'unique mission d'un réseau de neurones est de faire des prévisions : prévoir si c'est un chat ou un chien qui est sur la photo ; prévoir s'il vaut mieux tourner le volant à gauche ou à droite pour rester sur la route ; prévoir quel coup a le plus de chances de mener vers une victoire dans une partie de go ; pré-

tistiques apprises par les réseaux sont incompréhensibles pour nous, ou en tout cas inexprimables en langage humain, mais elles fonctionnent en pratique au-delà de nos espérances.

Les réseaux de neurones sont construits en couches successives. La première couche reçoit le signal brut, par exemple les pixels d'une image. Les couches intermédiaires en extraient des caractéristiques de plus en plus abstraites, comme des segments de droites, puis des angles, puis des formes, des textures, et ainsi de suite jusqu'à la couche finale qui peut faire la différence entre un chat, un chien ou une armoire. Plus les stimuli à traiter sont complexes ou difficiles à différencier, plus il faut de couches intermédiaires pour en extraire progressivement la structure essentielle. Le nombre de couches intermédiaires détermine la « profondeur » du réseau, d'où le terme souvent employé d'« apprentissage profond ».

Un neurone artificiel n'est qu'une version simplifiée d'un neurone biologique, donc un système de Surowiecki. Comme pour le cerveau, la brique de base de toute l'intelligence artificielle moderne est conçue selon la recette de l'intelligence collec-

---

voir quelle est la meilleure traduction anglaise de « prendre un avocat », etc. Pendant l'apprentissage, les mauvaises prévisions guident la mise au point des connexions afin de réduire l'erreur. Les connexions qui contribuent à l'erreur sont affaiblies, alors que celles qui contribuent au succès sont renforcées. Si tout va bien, le taux d'erreur diminue progressivement jusqu'à devenir acceptable. Si le réseau est ensuite capable de faire des prévisions convenables dans des situations nouvelles, c'est qu'il a dégagé une règle statistique générale.

tive. Mais l'intimité entre le collectif et l'artificiel s'exprime à beaucoup d'autres niveaux encore.

Dans le bruit et la fureur du monde réel, il est rare qu'un seul réseau puisse découvrir toutes les règles, parfois contradictoires, qui caractérisent un problème complexe comme traduire une langue dans une autre, conduire une voiture, reconnaître un visage ou faire la différence entre un chat et un chien. La méthode ensembliste – en fait, collective – est alors appelée à la rescousse : on n'entraîne pas un seul réseau de neurones, mais des dizaines, parfois des centaines, en utilisant à chaque fois un corpus d'exemples différent. On force ainsi chaque réseau à considérer le même problème sous un angle qui lui est propre. Par exemple, toutes les IA championnes en reconnaissance d'image sont en fait des ensembles d'une demi-douzaine de réseaux de neurones entraînés séparément sur des bases d'images différentes : les performances des ensembles sont jusqu'à 20 % meilleures que celles des meilleurs réseaux individuels[1]. L'intelligence supérieure d'une IA ensembliste résulte autant de la diversité des opinions des différents réseaux que de leurs qualités individuelles. C'est une application directe du théorème de Scott Page introduit au chapitre précédent.

Fin 2017, un nouveau palier mythique de l'IA a été franchi par le programme AlphaGo-Zero, conçu par les chercheurs de Google DeepMind. Son premier mérite est d'être, de loin, le meilleur joueur de go du

1. He, K., Zhang, X., Ren, S. et Sun, J. (2015) *Deep residual learning for image recognition*. arXiv preprint arXiv : 1512.03385.

monde. Cette performance *surhumaine* éclipse celle de Deep Blue contre Kasparov, car le go est beaucoup plus compliqué que les échecs, avec 10^{170} positions possibles contre 10^{120}. De plus, alors que Deep Blue avait vaincu par la force, AlphaGo-Zero a triomphé en misant tout sur la ruse. Mais plus impressionnant encore : c'est un autodidacte qui a tout appris en jouant simplement des millions de parties contre lui-même, en ne connaissant rien d'autre au départ que les règles du jeu, et sans intervention humaine. En seulement trois jours, sans accès à aucun exemple de parties jouées par des champions humains, il a redécouvert et maîtrisé toute la connaissance que l'humanité avait accumulée sur ce jeu millénaire, et plus encore[1].

L'une des raisons du succès d'AlphaGo-Zero, et de celui de presque toutes les IA de pointe aujourd'hui dans de nombreux domaines – comme la traduction automatique de Google ou la reconnaissance d'images –, est qu'il est construit avec un nouveau type de réseau de neurones très particulier, dit « résiduel ». Une version d'AlphaGo-Zero construite avec un réseau résiduel est 20 % plus efficace qu'une version similaire construite avec un réseau conventionnel. La vertu de ce type de réseau, inventé en 2015 par les chercheurs de Microsoft, est qu'il permet d'empiler efficacement des centaines de couches de neurones – dix ou cent fois plus que ce qui était possible jusque-là. Or, dans la nouvelle religion du « *deep*

1. Silver, D. *et al.* (2017) *Mastering the game of go without human knowledge*. Nature, 550.

learning » (apprentissage profond), l'intelligence du réseau dépend d'abord de sa profondeur. « Nous obtenons nos performances grâce à un concept simple mais essentiel : l'approfondissement », ont déclaré les inventeurs des réseaux résiduels en exhortant leurs confrères à « repousser les limites de la profondeur[1] ».

Cependant, en creusant l'affaire, des chercheurs de l'université de Cornell ont découvert qu'un réseau résiduel profond était formellement équivalent à un *ensemble* de réseaux conventionnels relativement peu profonds et quasiment indépendants les uns des autres[2]. En pratique, au lieu de profiter de son supplément de profondeur pour apprendre un modèle très complet du problème qu'on lui présente, le réseau résiduel se constitue un ensemble de modèles partiels, diversifiés et complémentaires, destinés à être combinés. Quand on démêle les fils du réseau, on trouve… un système de Surowiecki. Le bond de performance offert par les réseaux résiduels résulte en fait de l'injection d'une dose supplémentaire d'intelligence collective.

1. He, K., Zhang, X., Ren, S. et Sun, J. (2016), *Identity mappings in deep residual networks*. arXiv preprint arXiv : 1603.05027.

2. Vei, A., Wilber, M. et Belongie, S. (2016) *Residual networks behave like ensembles of relatively shallow networks*. arXiv preprint arXiv : 1605.06431.

L'essence de l'intelligence

Ce survol des progrès emblématiques en neurosciences cognitives et intelligence artificielle suggère que les formes d'intelligence les plus évoluées obéissent aux principes identifiés par Surowiecki pour extraire l'intelligence d'un groupe. La recette de l'intelligence collective pourrait donc être celle de l'intelligence tout court.

Cette conclusion n'est pas triviale. Un exemple contraire suffirait à l'invalider, comme une IA surhumaine où le collectif ne jouerait aucun rôle utile. Mais pour l'instant, à l'exception de Deep Blue, qui s'est avéré être une impasse, les plus grandes réussites de l'IA ont toujours fait appel à plus d'intelligence collective.

L'intelligence est une force de l'univers qui peut s'incarner dans la biologie, dans l'électronique, et bientôt dans les deux à la fois. Il est remarquable que ses différentes incarnations tendent à se rejoindre sur la nécessité du collectif. Peut-être se trouvent là les bases d'une théorie unifiée de l'intelligence, qui reste à construire.

CHAPITRE V

Les marchés prédictifs

« Il faut toujours parier pour le génie. »
Eugène Delacroix

On confond souvent intelligence et raisonnement. Mais les récents succès de l'intelligence artificielle fondée sur les réseaux de neurones ont révélé la primauté de la prévision. Les IA d'AlphaGo-Zero, de Google Traduction ou des voitures-robots d'Uber ne raisonnent pas autant qu'elles prédisent. À partir de milliards d'exemples, elles ont appris à prévoir quel est, statistiquement, le meilleur coup à jouer, le meilleur choix de mot, la meilleure décision à prendre dans chaque situation. C'est en reformulant le problème sous l'angle de la prévision que l'intelligence artificielle a pu s'en emparer. « La capacité à prédire est l'essence de l'intelligence », répète souvent Yann LeCun, l'un des inventeurs du « *deep learning* » et fondateur du laboratoire de recherche en intelligence artificielle de Facebook.

Or il se trouve que la prévision est un domaine au sein duquel l'intelligence supercollective a démontré une étonnante capacité à repousser les limites, notamment à l'aide de ce l'on appelle les « marchés prédictifs ».

Dans son numéro annuel de prospective, paru à la fin de l'année 2007, le magazine favori de l'élite mondialisée, *The Economist*, déclarait que « les futurologues les plus écoutés de nos jours ne sont pas des individus, mais les *marchés prédictifs*, où les pronostics d'une multitude de gens informés sont consolidés en probabilités fiables[1] ». L'intelligence collective entrait ainsi dans le club très fermé de la futurologie respectable, jusque-là réservé aux *think-tanks*, aux experts et aux éditorialistes.

Un marché prédictif utilise la sagesse des foules pour prévoir le futur. Après une décennie de crise économique, précipitée par la spéculation débridée des uns et des autres, la sagesse dicterait de se méfier de tout ce qui touche aux « marchés », aux « foules » et aux « prévisions ». Et pourtant, au cours des trente dernières années, cette forme d'intelligence collective a prouvé sa valeur. « Il est de plus en plus évident que ces marchés [prédictifs] peuvent aider à prévoir les événements futurs avec un taux d'erreur plus faible que les méthodes conventionnelles », concluaient en 2008, dans une lettre à la revue *Science*, vingt-deux économistes, professeurs de droit et politologues américains de premier plan, dont les lauréats du prix

1. Cottrell, R. (2007) *The future of futurology*, The Economist – The World in 2008.

Nobel Kenneth Arrow, Robert Shiller et Vernon Smith[1].

Comment ça marche

Dans un marché prédictif, chaque prévision est cotée sous forme d'actions, un peu comme une entreprise en bourse. Les *traders* décident de la valeur de l'action en se l'échangeant sur le marché, jusqu'à ce que la prévision soit avérée ou non. Quand elle est avérée, l'action vaut habituellement 100 points. Quand elle est infirmée, son action ne vaut rien (0 point). Toutes sortes de prévisions peuvent être ainsi cotées : le résultat d'une élection autant que celui d'un match de football, une position au *box-office* autant qu'un taux de chômage, la réussite d'un projet industriel, la possibilité d'une guerre nucléaire ou d'une pandémie.

Par exemple, sur le marché Hypermind, que mes associés et moi avons créé en 2014, on pouvait investir dans des actions Macron ou Le Pen tout au long de l'élection présidentielle de 2017[2]. On voit dans la figure 5.1 qu'un *trader* qui aurait acheté des actions Macron juste avant le premier tour, le 23 avril, quand

1. Arrow, K. *et al.* (2008), *The Promise of Prediction Markets*, Science, 320.

2. Sur le marché prédictif Hypermind (www.Hypermind.com), les investissements se font en monnaie virtuelle et la participation est gratuite. Ce n'est pas un marché financier, ni un site de paris, ni un jeu d'argent, mais plutôt un institut de recherche participatif.

elles s'échangeaient autour de 60 %, aurait pu les revendre dès le lendemain à un peu plus de 90 %, ou prendre le risque de les garder jusqu'à ce qu'elles vaillent 100 % le soir du second tour.

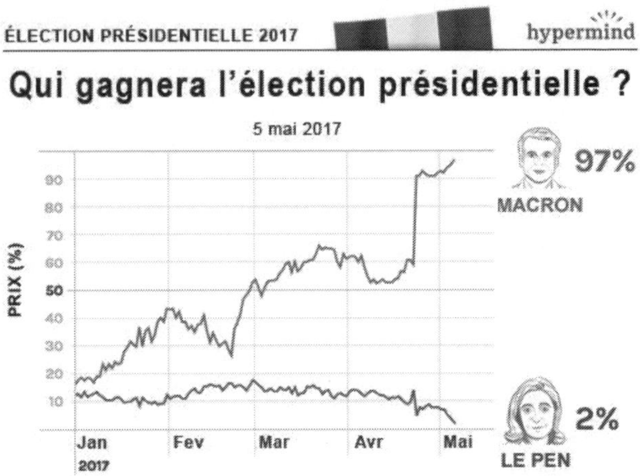

Figure 5.1 : Évolution du prix des actions des candidats Emmanuel Macron et Marine Le Pen sur le marché prédictif présidentiel d'Hypermind.com en 2017. L'action du gagnant vaudrait 100, celle du perdant vaudrait 0. Le graphique date du 5 mai, deux jours après le débat de l'entre-deux-tours, et deux jours avant le second tour. Un historique plus complet, depuis juillet 2015, avec l'ensemble des candidats, est disponible sur https://hypermind.com/hypermind/media/FRPREZ17.jpeg

Pour faire des profits dans un marché prédictif, il faut, comme à la bourse, revendre ses actions plus chères qu'on ne les a achetées. Il ne suffit pas d'avoir raison, il faut avoir raison *avant les autres*. Par exemple, on ne pouvait plus gagner beaucoup en achetant des actions Macron après le premier tour, quand elles valaient déjà 90. Quand un *trader* pense qu'une action est « bon marché », il est incité à l'acheter immédiatement, afin de profiter de l'opportunité avant que d'autres s'en saisissent. Le marché pousse les *traders* à agir rapidement selon leurs convictions les plus sincères. Cela lui permet d'agréger en temps réel les opinions les mieux informées et les plus récentes de chacun[1].

Quand de nombreux *traders* participent au marché avec des opinions différentes et plus ou moins de conviction, le prix finit par s'établir là où ils sont d'accord pour être en désaccord. Le prix se maintiendra à ce niveau consensuel – ou plutôt anti-consensuel puisqu'il résulte d'une confrontation entre acheteurs et vendeurs – jusqu'à ce que de nouvelles informations changent les esprits. Un nouvel équilibre en résultera. Plus disruptives sont les nouvelles informations, plus abrupt sera le mouvement du prix. Celui-ci permet donc de quantifier précisément l'importance de chaque nouveau développement dans l'actualité. Par exemple, à l'extrême droite du graphique de la figure 5.1, on peut observer l'effet que le débat de l'entre-deux-tours a eu sur les prix des candidats : dans les deux jours qui suivirent, les actions Emmanuel Macron gagnèrent 5 points, tandis que celles Marine Le Pen en perdirent 5.

1. C'est la grande différence avec un système de pari mutuel, où la chronologie des paris n'est pas prise en compte – les parieurs les mieux informés ont alors intérêt à parier en dernier, une fois les cotes établies par tous les autres.

La réalité s'aligne sur les prévisions

La lisibilité d'un marché « prédictif » provient du fait que le prix d'une prévision, négocié entre 0 et 100, indique la *probabilité* qu'elle se réalise. Sur Hypermind, trois jours avant le match, un prix de 60 sur la question « La France battra-t-elle l'Argentine le 30 juin 2018 ? » indiquait une probabilité de 60 % en faveur des Bleus[1]. Au même moment, un prix de 10 sur la question « Kim Jong-un gagnera-t-il le prix Nobel de la paix 2018 ? » indiquait une probabilité de 10 %. Le marché n'est pas un oracle catégorique dont les prédictions seraient binaires. Sa parole est plus subtile. Il n'exclut rien, mais quantifie précisément les risques. Il ne dit pas : « Kim Jong-un n'a aucune chance de recevoir le prix Nobel de la paix. » Il dit que cela a « très peu de chances » de se produire. Il ne dit pas que l'Argentine va perdre, mais que la France est « légèrement favorite ».

On sait que ces prévisions sont fiables parce que, dans les faits, quand on recense toutes les prévisions cotées, disons, à 80 sur un marché, on observe qu'environ 80 % d'entre elles se réalisent (et que 20 % ne se réalisent pas) ; de même, seulement un quart des prévisions cotées à 25 se réalisent (et trois sur quatre ne se réalisent pas). La figure 5.2 montre

1. Elle monta à 75 % quand la France mena 1-0, baissa ensuite à 65 %, puis 47 % quand l'Argentine égalisa puis mena 1-2, remonta à 64 % quand la France égalisa, puis à 97 % et 99 % quand elle mena à nouveau 3-2 puis 4-2. Le dernier but argentin, dans le temps supplémentaire, ne fit pas bouger le prix.

par exemple comment la réalité semble littéralement *s'aligner* sur plus de 50 000 prévisions économiques, électorales, militaires et géopolitiques d'Hypermind à chaque niveau de prix entre 0 et 100.

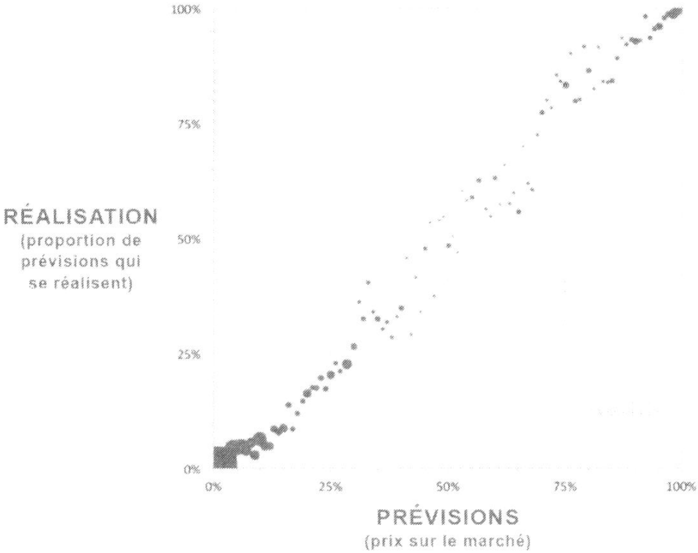

Figure 5.2 : Comparaison des prévisions électorales, géopolitiques, militaires et économiques du marché prédictif Hypermind avec leur taux de réalisation effectif. Ce graphique représente 50 443 estimations de probabilités récoltées quotidiennement sur 27 mois, 189 questions et 500 réponses possibles. La taille des points reflète le nombre relatif de prévisions relevées à chaque niveau de probabilité. (Source : Hypermind.)

Des correspondances tout aussi spectaculaires entre les prix des prévisions sur un marché prédictif et leurs fréquences de réalisation sont avérées dans de nombreux domaines. Les spécialistes parlent de

« calibration ». Elle témoigne d'une étonnante capacité de l'intelligence collective à discerner, non pas le futur, mais *les probabilités qui le fondent.*

David Pennock, le patron du laboratoire de recherche de Microsoft à New York, avait observé ce phénomène dès 2001 dans les prévisions du marché Hollywood Stock Exchange concernant l'attribution des prestigieux Oscar, Emmy et Grammy Awards[1], ainsi que dans les prévisions scientifiques et technologiques du marché Foresight Exchange[2]. Une étude que nous avons conduite ensemble en 2003 sur les prévisions sportives de NewsFutures (le prédécesseur d'Hypermind) notait le même phénomène[3]. Dans un domaine moins divertissant, un marché prédictif créé par Google pour son usage interne a aussi démontré l'excellente calibration des prévisions collectives de ses employés concernant la performance des logiciels, les volumes de ventes, les délais de réalisation, et autres préoccupations opérationnelles de l'entreprise[4].

1. Pennock, D., Lawrence, S., Nielsen, F. et Giles, C. (2001) *Extracting collective probabilistic forecasts from web games.* Proceedings of the 7th ACM SIGKDD International Conference on Knowledge Discovery and Data Mining.

2. Pennock, D., Lawrence, S., Giles, C. et Nielsen, F.A. (2001) *The real power of artificial markets.* Science, 291 : 5506.

3. Servan-Schreiber, E., Wolfers, J., Pennock, D. et Galebach, B. (2004) *Prediction markets : does money matter ?* Electronic Markets, 14 : 3.

4. Cowgill, B., Wolfers, J., Zitzewitz, E. (2009) *Using Prediction Markets to Track Information Flows : Evidence from Google.* Dans Das, S., Ostrovsky, M., Pennock, D., Szymanksi, B. (eds) *Auctions, Market Mechanisms and Their Applications.* AMMA 2009, Lecture

Gare aux biais cognitifs

Malgré leur fiabilité, les prévisions des marchés ont un inconvénient notable : les probabilités ne sont pas faciles à comprendre ni à accepter. Même le cerveau d'Albert Einstein, pourtant familier de l'étrange, eut un mouvement de recul devant l'idée que l'univers puisse être fondé sur des probabilités. « Dieu ne joue pas aux dés ! » s'écria-t-il d'horreur quand on lui présenta la théorie quantique.

Il existe un biais cognitif qui trompe presque tout le monde, et s'en protéger demande un effort mental dont peu se donnent la peine. Même des patrons de grandes firmes d'investissement, professionnels aguerris des chiffres et de l'incertitude, peuvent en être victimes. L'erreur est de considérer que tout ce à quoi on accorde plus 50 % de chances de se produire est « prévu », et que tout ce qui est coté au-dessous de 50 % ne l'est pas.

À la fin d'une interview dans *Le Point*, juste avant le référendum du Brexit, auquel Hypermind accordait une probabilité de 25 %, on me demanda quelles conclusions je tirerais si le Brexit l'emportait. Sous-entendu : puisque Hypermind prévoit que le Brexit n'aura pas lieu, comment expliquerez-vous votre mauvaise prévision dans le cas contraire ? Voici la réponse que je donnai alors pour tenter de dissiper le malentendu : « Les prévisions d'Hypermind sont

Notes of the Institute for Computer Sciences, Social Informatics and Telecommunications Engineering, 14, Springer.

des probabilités fiables, pas des certitudes. De tous les événements que nous estimons avoir seulement 25 % de chances de se réaliser, comme le Brexit aujourd'hui, nous pouvons garantir qu'environ un sur quatre se réalisera, même s'il n'était pas favori. Peut-être que le Brexit sera celui-là... mais il y a trois chances sur quatre que non[1]. » La malédiction d'un prévisionniste probabiliste *bien calibré* est de savoir pertinemment qu'à chaque fois qu'un événement peu probable se réalisera – et il en faut, sinon la probabilité serait fausse – on le lui reprochera.

Un autre biais cognitif est de considérer après coup que ce qui est arrivé *devait* arriver, en oubliant la part incompressible de hasard, ce « purgatoire de la causalité », comme disait le philosophe Jean Baudrillard. J'aime l'explication qu'en donne l'investisseur et auteur prolifique Michael Mauboussin : « Bien que la plupart d'entre nous soyons prêts à croire que la chance joue un rôle dans nos vies, il nous est difficile d'évaluer ce rôle après coup. Une fois que quelque chose est arrivé et que nous pouvons inventer une histoire pour l'expliquer, il nous semble que le résultat était prédestiné. Les statistiques ne répondent pas à notre besoin de comprendre les causes et les effets, c'est pourquoi elles sont si souvent ignorées ou mal interprétées. Si les histoires, en revanche, nous parlent tant, c'est précisément parce qu'elles mettent l'accent sur la causalité[2]. »

---

1. « *Brexit : le meurtre de Jo Cox a renversé la tendance en faveur du Bremain* », Le Point, 22 juin 2016.

2. Mauboussin, M. (2012) *The Success Equation : Untangling skill and luck in business, sports, and investing*, Harvard Business Review Press.

Pourquoi ça marche

Il y a trois raisons principales au succès des marchés prédictifs. La première est qu'ils traitent une grande diversité d'opinions. Quand il s'agit d'anticiper une réalité complexe aux variables multiples, personne ne peut prétendre être doté d'un modèle idéal ou d'une théorie infaillible. Chacun ne peut concevoir qu'une partie de la vérité, elle-même brouillée par divers biais subjectifs. Le « théorème de la diversité » de Scott Page nous explique qu'il suffit de combiner ces insuffisances individuelles pour mettre au jour un phénomène étonnant : les parts de vérité se complètent, tandis que les biais s'annulent mutuellement. Le modèle collectif est ainsi globalement bien plus juste que les modèles individuels. La première force d'un marché prédictif est d'attirer comme un aimant une grande diversité d'opinions, car tous ceux qui ne sont pas d'accord avec le consensus actuel – le dernier prix du marché – sont encouragés à participer par appât du gain.

La deuxième raison est que le principe même du pari encourage l'expression d'opinions contraires et informées, plutôt qu'une conformité respectueuse de la pensée unique. Chacun est obligé de réfléchir indépendamment, car le seul moyen de tirer profit du marché est d'aller à *l'encontre* du consensus en pariant que le prix actuel est soit trop haut, soit trop bas. Ainsi, tous les points de vue informés se confrontent pour faire sans cesse évoluer l'opinion collective, tandis que le risque de pertes financières, ou de prestige quand les mises sont virtuelles, décourage les contributions de ceux qui n'ont rien à apporter au débat.

Enfin, en amenant les aspirants prévisionnistes à faire des paris, le marché les encourage à réfléchir plus et mieux : l'imagerie cérébrale révèle qu'un cerveau qui contemple un pari active des réseaux neuronaux spécifiques qui le rendent plus sensible au risque[1]. Quand on lui demande d'accomplir une tâche difficile en vue d'une récompense, le cerveau inhibe ses circuits émotionnels pour tenter d'optimiser ses calculs rationnels, et plus la récompense est importante, plus l'inhibition est forte[2]. C'est toute notre manière de penser qui change pour devenir plus objective et moins influençable par nos passions et préférences. Si le cerveau était un ordinateur, on dirait que le fait de parier change son système d'exploitation : « Think Different[3] ! » Dans *Le Tour du monde en quatre-vingts jours*, le héros de Jules Verne déclare : « Un bon Anglais ne plaisante jamais quand il s'agit d'une chose aussi sérieuse qu'un pari. » Le reste d'entre nous non plus, apparemment.

1. Tom, S., Fox, C., Trepel, C. et Poldrak, R. (2007) *The neural basis of loss aversion in decision-making under risk*, Science, 315 : 5811.

2. Pochon, J., Levy, R., Fosati, P., Lehericy, S., Poline, J., Pillon, B., Le Bihan, D. et Dubois, B. (2002) *The neural system that bridges reward and cognition in humans : an fMRI study*. Proceedings of the National Academy of Sciences, 99 : 8.

3. Slogan publicitaire utilisé dès 1997 par Apple pour promouvoir les ordinateurs Mac plutôt que ceux utilisant le système d'exploitation Windows™ de Microsoft.

Ceci n'est pas un jeu d'argent

Les économistes invoquent souvent une raison connexe pour expliquer la qualité des prévisions des marchés : on y « joint l'acte à la parole » en risquant de la monnaie sonnante et trébuchante. L'hypothèse est intuitive, attrayante, mais fausse. En dehors des manuels d'économie et des salles de *trading*, l'argent n'est pas le moteur principal de nos comportements ni de notre intelligence. Le fait de risquer son portefeuille n'ajoute rien à la qualité des prévisions d'un marché prédictif. Ce qui compte n'est pas *l'argent* réel, mais les *incitations* réelles, dont l'argent n'est qu'une variante parmi d'autres : des lots à gagner, une réputation à défendre, une promotion à obtenir, la reconnaissance sociale ou l'estime de soi peuvent influer sur nos comportements autant, parfois plus, qu'un enjeu financier. Les psychologues savent cela, les économistes l'oublient souvent. Ce qui concentre l'esprit, c'est de « risquer sa peau » d'une manière ou d'une autre.

En 2003, j'ai mené la première étude qui démontra expérimentalement qu'un marché d'argent virtuel pouvait faire d'aussi bonnes prévisions qu'un marché d'argent réel. Cette année-là, l'agence de recherche DARPA du ministère américain de la Défense avait défrayé la chronique en voulant mettre en place un marché prédictif sur les événements au Moyen-Orient : le Policy Analysis Market (PAM). À l'époque, l'Amérique était encore sous le choc de son incapacité à prévoir l'attentat du 11 septembre 2001, et l'idée derrière PAM était de tester si l'intelligence collective pouvait améliorer la capacité d'anticipation du gouvernement. Le marché devait être ouvert à tout le monde, de manière à recruter directement sur le terrain, si loin de Washington, et permettre de parier de l'argent réel, afin d'appâter tous ceux qui détenaient des informations utiles. C'était un projet visionnaire, mais qui prêtait trop facilement le flanc à l'indignation de la classe politique. La veille de l'ouverture du marché, plusieurs sénateurs saisirent l'occasion d'assurer le spectacle sur les marches du Capitole. Quoi, on allait laisser des terroristes parier sur leurs propres méfaits ? Quoi, on allait laisser un jeu d'argent guider l'action du gouvernement ? PAM fut fermé avant d'avoir ouvert, et le patron de DARPA fut démissionné dans la foulée. L'affaire fit la une des journaux outre-Atlantique pendant toute une semaine. Des économistes de premier plan montèrent au créneau pour défendre le bien-fondé de PAM, mais leurs éditoriaux pédagogiques furent ensevelis sous les injures des défenseurs de la morale publique. Le point d'achoppement était évidemment l'utilisation d'argent réel. Les partisans de PAM la considéraient indispensable au bon fonctionnement du marché. Les autres trouvaient cela immoral.

Parmi les courageux économistes prêts à affronter l'opprobre était Justin Wolfers, alors jeune professeur à Stanford, récemment diplômé de Harvard. Selon Wikipédia, il est aujourd'hui le sixième économiste le plus suivi sur Twitter avec 146 716 fans… À l'époque, je dirigeais NewsFutures, l'un des premiers marchés prédictifs, en partenariat avec le quotidien *USA Today*. Notre marché reposait sur de l'argent virtuel et je savais par expérience qu'il fonctionnait tout à fait bien ! Un peu plus tôt, James Surowiecki avait même fait remarquer dans le *New Yorker* que « Les *traders* de NewsFutures font comme les éditorialistes, commentateurs à la télévision et conseillers du président qui essaient quotidiennement de prévoir l'avenir. La différence est que le marché prédictif a bien plus de chances d'avoir raison[1] ». Je défiai donc Justin publiquement sur un forum du site du *Washington Post* : était-il prêt à parier que les prévisions issues d'argent réel étaient vraiment meilleures ? Il accepta volontiers de parier une bonne bouteille de vin californien contre un cru français.

C'est ainsi que, rejoints par David Pennock, nous comparâmes pendant toute une saison de football américain (plus de 200 matchs) les prévisions de NewsFutures avec celles de Tradesports, le plus gros marché prédictif d'argent réel opérant à l'époque aux États-Unis. Le duel se déroula sur le terrain de jeu de ProbabilitySports, le site de concours de pronostics déjà mentionné au chapitre III. Les prévisions des marchés pouvaient ainsi être comparées avec celles de 1 800 autres pronostiqueurs individuels.

La figure 5.3 montre comment les marchés progressèrent dans le classement tout au long de la saison. Dès la première semaine, les deux intelligences collectives devançaient 84 % des pronostiqueurs, mais NewsFutures (186e) avait pris l'avantage sur TradeSports (293e). Vingt semaines plus tard, après le Super Bowl, le mar-

1. Surowiecki, J. (2003) *Decisions, Decisions*. The New Yorker, 24 mars 2003.

ché d'argent virtuel était toujours devant, en 6e position, et son rival en 8e[1]. Quelques jours après, je recevais une bouteille de chardonnay, édition « Stanford », avec une jolie gravure du campus sur l'étiquette.

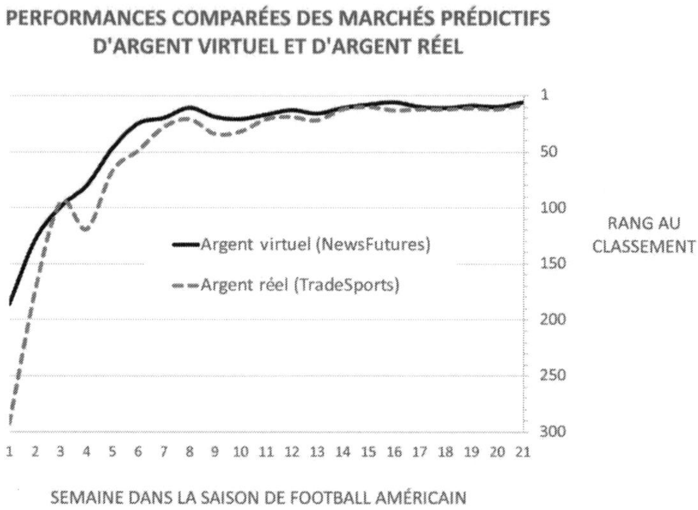

Figure 5.3 : Évolution au classement du concours *ProbabilitySports* des marchés prédictifs NewsFutures, fondé sur de l'argent virtuel, et Tradesports, fonctionnant avec de l'argent réel, par rapport à 1 800 pronostiqueurs individuels. Le concours de pronostics portait sur plus de 200 matchs de la saison de football américain 2003-2004. (Adapté de Servan-Schreiber, E., Wolfers, J., Pennock, D. et Galebach, B. (2004), « Prediction Markets : does money matter ? » Electronic Markets, 14 : 3.)

1. La moyenne des 1 800 pronostiqueurs était classée loin derrière, en 39e position, suggérant par ailleurs que la mécanique des marchés contribuait à augmenter l'intelligence collective par rapport à une simple moyenne d'opinions.

Comment expliquer que l'argent ne fasse pas de différence ? En tout cas ni dans le domaine des prévisions sportives, ni dans celui des prévisions politiques, comme j'ai pu aussi le documenter plus tard[1]. Il y a plusieurs raisons. D'une part, les deux types de marché attirent deux populations différentes. La plupart des gens qui parient avec de l'argent virtuel ne prendraient aucun plaisir à risquer de l'argent réel. Ils recherchent plutôt le prestige et l'estime de leurs pairs. Inversement, ceux qui aiment miser de l'argent réel ne perdraient jamais leur temps à jouer pour des cacahuètes. Mais ces deux populations sont tout aussi intelligentes. On peut imaginer que l'enjeu monétaire motive plus les uns à se renseigner avant de parier, donc à être mieux informés. Mais cet avantage est compensé, sur un marché d'argent virtuel, par une meilleure correspondance entre ceux qui sont informés et ceux qui ont de gros portefeuilles. En effet, sur un marché d'argent réel, un millionnaire inculte peut jouer gros et influencer les cotes. Sur un marché d'argent virtuel, la capacité d'un *trader* à influencer le marché dépend complètement de sa performance passée, car le seul moyen d'accumuler de l'argent virtuel, c'est d'avoir plus souvent raison que tort : le millionnaire inculte est une impossibilité mathématique, le riche manipulateur une fiction.

Le fait que le manque d'argent réel ne dégrade pas la performance d'un marché prédictif est un résultat important, car, en dehors du Royaume-Uni, il y a

1. Servan-Schreiber, E. (2017) *Debunking Three Myths About Crowd-Based Forecasting*. Collective Intelligence 2017, NYU Tandon.

très peu de pays développés où les paris concernant d'autres sujets que les courses hippiques ou le sport sont autorisés. Par exemple en France, pour parier sur une élection, il n'y a pas d'autre choix que de le faire avec de l'argent virtuel. De même, quand on veut utiliser cette approche pour solliciter les prévisions collectives des employés d'une entreprise, il est délicat de leur demander de jouer avec leur propre argent. Il est donc rassurant de savoir que la qualité des prévisions n'en sera pas pour autant affectée.

La veille du second tour de l'élection présidentielle française, le plus gros et le plus ancien des *bookmakers* britanniques, Ladbrokes, paya sur Twitter un joli compliment à Hypermind, notre modeste marché d'argent virtuel : « Les cotes @Hypermind_com ont été le meilleur guide tout au long de cette affaire[1]. »

Ceci n'est pas un sondage

Dans les pays anglo-saxons, les marchés prédictifs ont acquis une grande notoriété en faisant de meilleures prévisions électorales que les sondages d'opinion. Depuis 1988, l'école de commerce de l'Université de l'Iowa propose un marché prédictif en ligne sur les élections présidentielles et législatives américaines. Le but initial des respectables professeurs qui administrent le site Iowa Electronic Markets[2] (« IEM ») était d'en tirer des enseignements sur

1. https://twitter.com/LadPolitics/status/860877598754263040
2. https://iemweb.biz.uiowa.edu

la mécanique et l'efficience des marchés financiers. Mais c'est dans le petit monde jalousement gardé des prévisions électorales que l'intelligence collective de leur création eut le plus d'effet.

L'IEM a la particularité de faire des prévisions directement comparables aux sondages. Au lieu de probabilités, il produit des estimations d'intentions de vote, car la règle du pari est que, le jour du vote, l'action d'un candidat vaudra 1 *cent* par point de suffrages obtenus. Par exemple, si le candidat obtient 56 % des voix, son action vaudra 56 *cents*. Ainsi, à chaque fois qu'un sondage est publié dans la presse, il est facile de comparer directement son estimation à celle faite la veille par le marché. Au cours de cinq élections présidentielles américaines, entre 1988 et 2004[1], 964 sondages de différents instituts ont pu être comparés au marché. Les prévisions de son intelligence collective étaient plus proches des résultats dans 72 % des cas[2].

Cette performance est d'autant plus impressionnante que le panel des *traders* de l'IEM, contrairement à celui des sondés, n'est pas du tout représentatif de l'électorat national : ils ne sont que quelques centaines, majoritairement mâles, blancs, jeunes, éduqués et aisés. Quand un sondeur doit se donner du mal pour recruter un panel représentatif, le marché attire à lui, sans effort, juste par l'appât du gain, une horde de politologues informés (ou qui pensent

---

1. 1988 **Bush**-Dukakis ; 1992 Bush-**Clinton** ; 1996 Dole-**Clinton** ; 2000 **Bush**-Gore ; 2004 **Bush**-Kerry. Les gagnants sont indiqués en gras.

2. Berg, J., Nelson, F. et Rietz T. (2008) *Prediction market accuracy in the long run*. International Journal of Forecasting, 24 : 2.

l'être suffisamment pour se risquer à parier). Mais ce n'est pas la seule différence entre un marché et un sondage. La question posée n'est pas non plus la même. Un sondage demande pour qui l'on voterait si l'élection avait lieu demain. Il sollicite les préférences du jour, tandis que le marché demande aux *traders* de rester concentrés sur l'objectif, le résultat du vote, indépendamment de leurs préférences personnelles. Il en appelle à l'intellect plutôt qu'aux sentiments.

« Par définition, les sondages ne se trompent jamais, car ils n'ont pas vocation à prédire », se sentent souvent obliger de rappeler les sondeurs, comme Laurence Parisot qui dirigea autrefois l'institut IFOP. « Ils donnent la meilleure approche possible non pas du comportement final de l'électeur dans l'isoloir, mais des intentions de vote au jour le jour[1]. » C'est techniquement vrai, et en même temps fallacieux, car les sondeurs savent bien que, dans les faits, ceux qui consomment les sondages électoraux ont faim de prévisions. Point de cette hypocrisie avec un marché prédictif.

Quand il estime des probabilités de victoire plutôt que des intentions de vote, le marché offre une perspective inédite et complémentaire sur la course électorale. C'est encore plus évident dans le système français, où les élections sont à deux tours, et où le goulet d'étranglement du premier tour monopolise l'attention au détriment du second. On se souvient, par exemple, qu'à l'issue de la primaire de la droite,

1. Interview de Laurence Parisot dans *Les Échos*, le 16 avril 2007.

fin novembre 2016, François Fillon semblait quasiment assuré de succéder à François Hollande à la présidence de la République. Pendant tout le mois de décembre et jusqu'à ce qu'éclate l'affaire « Pénélope » fin janvier, les sondages nous disaient que Marine Le Pen et François Fillon seraient qualifiés pour le second tour, et que ce dernier gagnerait ensuite ce duel sans effort. Les autres candidats, dont Emmanuel Macron, Jean-Luc Mélenchon, et le futur vainqueur de la primaire socialiste, rivaliseraient pour le titre honorifique de *troisième homme*, mais seraient immanquablement éliminés dès le premier tour. Au même moment, Hypermind éclairait la campagne sous un jour très différent en répondant à la question essentielle : qui a le plus de chances de gagner ? Sous cet angle, dès la mi-décembre, c'est Emmanuel Macron, avec 16 % de chances, qui apparaissait comme le challenger, derrière le grand favori François Fillon, à 54 %, mais *devant* Marine Le Pen, à 12 %. Le contraste avec les sondages était frappant, comme on le voit dans la figure 5.4. Pour le marché, Macron devançait déjà Le Pen dans la course à l'Élysée.

Comment l'expliquer ? Quand on demandait au marché, mi-décembre 2016, d'estimer les chances de chacun de se qualifier au second tour, il répondait : François Fillon 84 %, Marine Le Pen 63 %, Emmanuel Macron 40 %. La présidente du Front national avait donc, à ce moment-là, beaucoup plus de chances de figurer au second tour que le jeune leader d'En marche !. En revanche, dans l'hypothèse où celui-ci parviendrait à se qualifier, le marché lui accordait deux fois plus de chances qu'elle de gagner l'élection

(40 % contre 19 %). C'est pourquoi, en définitive, il avait plus de chances qu'elle d'être élu[1].

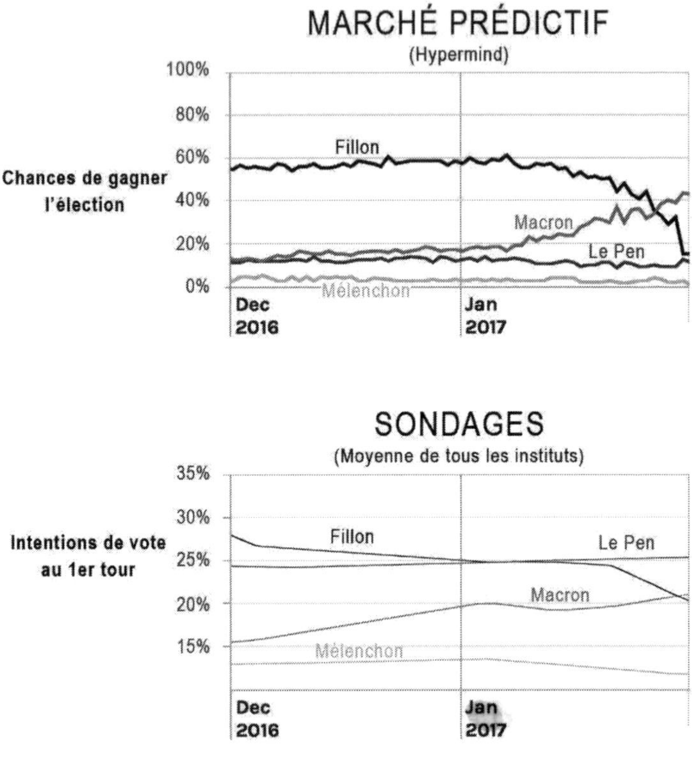

Figure 5.4 : Après la primaire de la droite, pendant que les sondages concentraient l'attention sur un duel Fillon-Le Pen, le marché prédictif révélait qu'Emmanuel Macron avait déjà plus de chances de gagner l'élection présidentielle que Marine Le Pen. (Sources : Hypermind pour le marché prédictif, Wikipédia pour les sondages.)

1. Probabilité de gagner = probabilité d'être au second tour x probabilité de gagner si on est au second tour.

L'attaque des datalchimistes

Lors de l'élection présidentielle américaine de 2012 opposant Barack Obama au républicain Mitt Romney, le marché prédictif Intrade[1], spécialisé dans les élections outre-Atlantique, identifia correctement le favori dans quarante-neuf États sur les cinquante qui constituent les États-Unis. Pourtant, cette année-là, ce fut une autre performance qui vola la vedette à l'intelligence collective : celle du super-statisticien Nate Silver, dont les prévisions étaient publiées par le *New York Times.* En consolidant en un seul modèle statistique, richement paramétré, les données de milliers de sondages nationaux et régionaux parus tout au long de cette campagne ainsi que des campagnes précédentes, Silver réussit à projeter le gagnant dans cinquante États. À la suite d'un 49/50 remarqué quatre ans auparavant[2], ce sans-faute sans précédent fit de Silver la nouvelle coqueluche des médias. À l'ère des *big data*, qui avait encore besoin de l'intelligence collective des marchés ?

Autant l'élite académique a été rapidement séduite par le bien-fondé scientifique de la sagesse des foules, et en particulier des marchés prédictifs, autant l'intelligentsia politico-médiatique a toujours été réticente à se laisser « ubériser » de la sorte. À ses yeux,

1. Intrade, basé en Irlande pour contourner les lois anti-paris en ligne américaines, a dû finalement fermer boutique en 2013 sous la pression des autorités. Un successeur, PredictIt, basé à Washington, DC, est autorisé à fonctionner, mais avec des limites sévères sur les mises.

2. 2008 : **Obama**-McCain.

les marchés prédictifs ont deux torts : être peuplés d'amateurs anonymes dont on ignore les pedigrees, et ne fournir que des prévisions quantitatives, brutes, sans explication. Contrairement à un éditorialiste, un sondeur ou un « data-journaliste » comme Silver, le marché ne sert pas ses pronostics accompagnés d'une rasade de justifications plus ou moins bien fondées. Or le cerveau humain est avide de bonnes histoires, plus encore que de prévisions fiables. « Un bon politicien est celui qui est capable de prédire l'avenir et qui, par la suite, est aussi capable d'expliquer pourquoi les choses ne se sont pas passées comme il l'avait prédit », ironisait Winston Churchill. Mais de qui se moquait-il en creux ? Sa boutade en dit moins long sur ceux qui pérorent que sur ceux qui les écoutent.

Pour la médiasphère, le grand mérite de Silver était de réhabiliter le rôle du spécialiste dominant de sa science la foule informe. Peu importe finalement sa méthode. L'américain George Gallup bénéficia du même engouement lorsqu'il inventa les premiers sondages présidentiels « scientifiques » en 1936. Avant cela, en l'absence de sondages, comment prédisait-on les résultats des élections américaines ? En pariant chez les *bookmakers* des trottoirs de Wall Street ! Dans les archives des quotidiens de l'époque, les chercheurs ont découvert que ces anciens marchés politiques de l'ère pré-sondages ne se trompaient pratiquement jamais[1] : sur quatorze élections entre 1880 et 1932, le favori des parieurs ne perdit qu'une

1. Rhode, P. et Strumpf, K. (2004) *Historic presidential betting markets*. Journal of Economic Perspectives, 18 (Spring).

seule fois[1]. Plus étonnant encore, les cotes relatives des candidats prédisaient déjà aussi bien les marges de victoire que le firent plus tard les sondages d'intentions de vote[2]. Autrement dit, l'invention de Gallup n'améliora pas vraiment notre capacité à anticiper le résultat d'une élection. La foule savait déjà faire.

Pourtant, dès que les sondages apparurent, les médias s'en emparèrent et les marchés présidentiels périclitèrent. L'engouement pour la méthode *scientifique* de Gallup, au détriment de l'intelligence collective, fut le même que pour celle, *mathématique*, de Silver soixante-dix ans plus tard. Déjà peu recommandables dans une Amérique puritaine, les *bookmakers* furent bientôt interdits au motif de leur proximité avec le crime organisé. On n'entendit plus parler de paris politiques jusqu'au renouveau d'intérêt suscité par les marchés prédictifs modernes, rendus possibles par le Web à partir des années 1990.

Après 2012, tout le monde voulait être Nate Silver. Les grands médias recrutèrent des équipes de « *data* spécialistes » pour inventer des modèles statistiques ultrasophistiqués des élections à venir, fondés sur l'agrégation des sondages actuels et historiques, les budgets des campagnes, les dépenses publicitaires, les indicateurs économiques, l'analyse des « sentiments » sur les réseaux sociaux, et toute autre donnée supposée pertinente. Chacun y allait de sa recette pour

1. 1916 : le démocrate Woodrow Wilson fut réélu face au favori républicain Charles Evans Hughes.

2. Erikson, R. et Wlezien, C. (2012) *Markets vs. Polls as election predictors : an historical assessment*, Electoral Studies, 31.

tenter de transformer les données en or prédictif. Silver lui-même quitta le *New York Times* pour créer son propre média, FiveThirtyEight[1], spécialisé dans les prévisions politiques et sportives.

Mais ces nouveaux *datalchimistes* sont-ils véritablement plus prescients qu'une foule de parieurs ? Avec Pavel Atanasov, alors chercheur à l'Université de Pennsylvanie, nous avons mené l'enquête lors des élections législatives de mi-mandat en 2014[2]. À l'époque, la grande question était de savoir si les républicains réussiraient à prendre le contrôle du Sénat ; les élections étaient particulièrement serrées dans cinq États. Nous avons pu comparer les prévisions d'Hypermind à celles des modèles *big data* de FiveThirtyEight (Nate Silver), du *New York Times*, du *Washington Post*, du *Huffington Post*, et de l'Université de Princeton, parmi d'autres. Les résultats furent sans appel (figure 5.5) : même un modeste marché prédictif, peuplé de seulement quelques centaines de *traders*, fonctionnant avec de l'argent virtuel, pouvait faire mieux que *tous* les modèles *data* sophistiqués des médias les plus réputés et les mieux financés.

Coup de chance ? Deux ans plus tard, nous avons pu à nouveau comparer les meilleurs marchés prédictifs (Hypermind et Betfair[3]) aux modèles *data* les plus en vue

1. En référence aux 538 « grands électeurs » du collège qui choisit les présidents américains.

2. Servan-Schreiber, E. et Atanasov, P. (2015) *Hypermind vs. Big Data : Collective intelligence still dominates electoral forecasting*, Collective Intelligence, Santa Clara.

3. Betfair est le plus gros marché prédictif du monde, basé au Royaume-Uni, sans limite sur les mises d'argent réel. Mais le

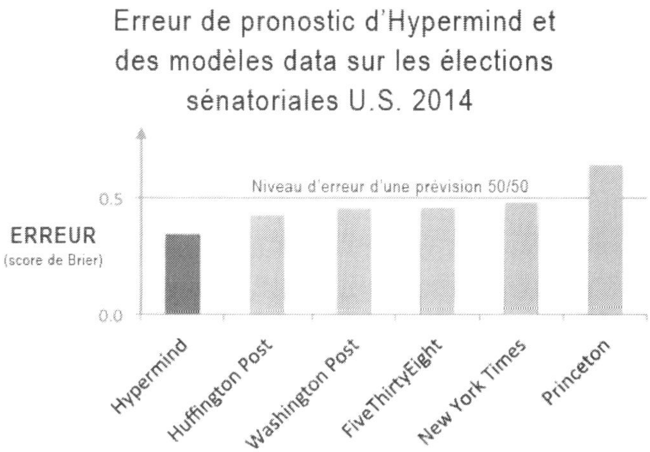

Figure 5.5 : Comparaison de l'erreur globale des pronostics sur les élections sénatoriales de 2014 du marché prédictif Hypermind, des modèles *data* de Nate Silver (FiveThirtyEight), des grands médias américains et de l'Université de Princeton.

(FiveThirtyEight et *New York Times*) lors de la folle élection présidentielle remportée par Donald Trump[1]. Il y eut d'abord une longue série de primaires républicaines pendant laquelle les modèles restèrent muets, faute de savoir la modéliser. Silver expliqua plus tard pourquoi : « Les modèles statistiques fonctionnent bien quand il y a beaucoup de *data* historiques et quand le système que vous étudiez n'est pas trop complexe. » Malheureusement, poursuivit-il, « en ce qui concerne les données, le système actuel des

site est interdit aux résidents américains et aux résidents français, entre autres.

1. Servan-Schreiber, E. (2017) *Debunking Three Myths About Crowd-Based Forecasting*, *op. cit.*

primaires ne date que de 1972, et les données sont sporadiques, surtout pendant les premières années. Quant au processus de nomination du vainqueur, c'est l'un des plus complexes que je connaisse ». Mais l'absence de modèle ne l'empêcha pas de publier des pronostics sur Trump, en se fondant sur sa seule intuition, ce qu'il n'avoua que bien plus tard[1]. Pendant de long mois, FiveThirtyEight fut ainsi seul à n'accorder aucune chance au milliardaire. Ensuite, il s'aligna sagement sur les estimations des marchés prédictifs, qui, comme les sondages, donnaient déjà tous Donald Trump favori depuis plusieurs semaines, avant même que les premiers suffrages de la primaire ne soient exprimés. Il y a là une première leçon à retenir : quand la situation est trop complexe pour être modélisée, ou quand il n'y a pas de données aisément disponibles, l'approche statistique perd vite ses moyens. L'intelligence collective, elle, continue à bien fonctionner. C'est une méthode plus robuste.

Après que Donald Trump eut gagné l'investiture du Parti républicain, quelles étaient ses chances d'être élu face à Clinton ? Les modèles *data* allaient-ils renouveler leur tour de force de 2008 et 2012 ? On se souvient que Trump n'était le favori de personne et que son élection a pris tout le monde par surprise : les sondages, les experts, les marchés, les modèles et, paraît-il, Donald Trump lui-même. Dans la figure 5.6, on voit que les erreurs de pronostic des modèles comme des marchés ont eu tendance à

1. Brandy, G. (2016) *Nate Silver, l'oracle de la politique américaine qui n'a pas vu venir Trump*. Slate.fr.

augmenter à mesure que le jour du vote approchait. On voit aussi que, à chaque phase de la campagne, le modèle du *New York Times* était le plus loin du compte, tandis que les prévisions du fameux modèle de Nate Silver n'étaient pas plus justes que celles des marchés prédictifs. Une étude indépendante du *Washington Post* comparant Hypermind et d'autres intelligences collectives à une sélection de modèles statistiques, dont celui du *Huffington Post* (qui donnait à Donald Trump, la veille du vote, seulement 2 % de chances d'être élu), arriva à une conclusion similaire : pendant cette élection hors norme, les méthodes fondées sur la sagesse des foules se sont globalement « moins trompées » que les méthodes statistiques reposant sur les *data*[1]. La plupart des explications post-mortem blâment des erreurs de sondages qui auraient fourvoyé les modèles. Les parieurs aussi en furent victimes, mais ils ont pu compenser en prenant en compte des observations de terrain difficiles à faire entrer dans les modèles, comme la longueur des files d'attente pour les *meetings* de l'homme d'affaires et leur ambiance torride comparée à l'ennui provoqué par Clinton.

Cette comparaison des prévisions des marchés et des modèles sur deux cycles d'élections à deux ans d'intervalle suggère que l'engouement pour la nouvelle approche des *datalchimistes* était prématuré. Comme Gallup avant lui, Nate Silver fait office de gourou,

1. Atanasov, P. et Joseph R. (2016) *Which election forecast was the most accurate ? Or rather : The least wrong ?* Washington Post, 30 novembre 2016.

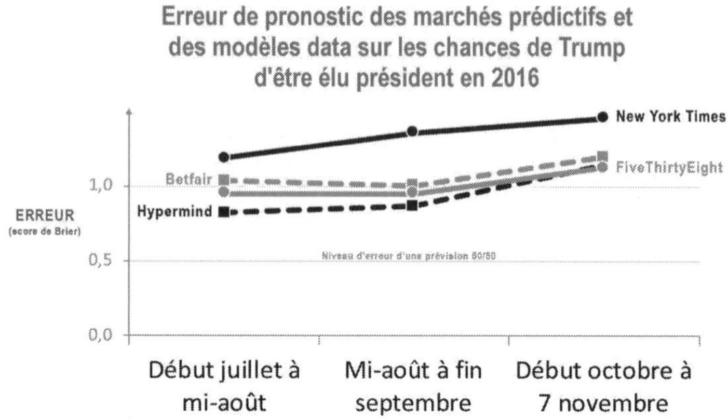

Figure 5.6 : Comparaison de l'erreur de pronostic des marchés (Hypermind et Betfair) et des modèles (FiveThirty-Eight et *New York Times*) sur les chances de Donald Trump de gagner l'élection présidentielle américaine de 2016 contre Hillary Clinton. La période de comparaison couvre la campagne à partir du moment où les deux candidats étaient assurés de la nomination de leurs partis respectifs, et jusqu'à la veille de l'élection le 8 novembre. Elle est divisée en trois phases de durées à peu près égales permettant de comparer les erreurs à long terme, à moyen terme et à court terme. À aucun moment les modèles *data* n'ont surpassé les marchés prédictifs.

mais il n'est pas le messie. Ses imitateurs encore moins. Cette approche est largement pénalisée par son caractère arbitraire et son manque de transparence. Derrière l'appellation « *data* », qui évoque l'objectivité, se cachent en fait des choix de modèles, d'hypothèses et de jeux de données qui sont souvent subjectifs, opportunistes, et différents d'un praticien à l'autre. Qui croire quand trois *datalchimistes* donnent des prévisions très différentes ? La veille de l'élection de Donald Trump, ses chances de victoire étaient de 2 %, 10 % ou 29 %, selon que l'on suivait le *Huffington Post*, le *New York Times* ou FiveThirtyEight. En France, lors de l'élection présidentielle de 2017, les modèles se revendiquant de l'approche de Silver étaient fondés soit sur des hypothèses farfelues – Emmanuel Macron est un candidat de gauche ; il n'y a pas de candidat du centre[1] –, soit sur des données à la pertinence douteuse, issues des réseaux sociaux[2]. Le résultat, prévisible, est qu'ils n'ont pas apporté d'éclairage utile, sauf à soutenir plus longtemps que nécessaire le moral de militants bientôt déçus.

La mécanique d'un marché prédictif est au contraire d'une transparence totale. Les seuls calculs à l'œuvre sont ceux auxquels se livrent les cerveaux des *traders* qui s'affrontent, chacun venant armé des données qu'il juge les plus pertinentes. Dès que le consensus de cette intelligence collective semble s'égarer, ceux qui n'y croient pas sont incités à le corriger en pariant contre. Le marché est ainsi équipé d'un système immunitaire qui le protège contre les pronostics fantasques ou les manipulations[3].

---

1. « *Présidentielle : les deux qualifiés pour le second tour sont…* », Le Point, 18 avril 2017.

2. « *Filteris, Enigma… Face aux instituts de sondage, la défaite des prévisions "alternatives"* », Le Monde, 24 avril 2017.

3. Hanson, R., Oprea R. et Porter D. (2006) *Information aggregation and manipulation in an experimental market*. Journal of Economic Behavior & Organization, 60.

L'ACE des as

Les bonnes idées ne meurent pas, elles mûrissent en attendant le bon moment pour ressurgir. Malgré la débâcle du Policy Analysis Market en 2003, les espions américains avaient gardé un œil vigilant sur le succès croissant des marchés prédictifs. D'autant plus que leur foi en leur propre capacité d'anticipation avait été à nouveau secouée par l'absence d'armes de destruction massive en Irak, celles-là mêmes dont l'existence présumée avait justifié l'entrée en guerre. Le gouvernement créa donc en 2006 l'Intelligence Advanced Research Projects Activity (IARPA), un nouveau programme au service du « Director of National Intelligence », qui chapeaute la CIA, la NSA et les quatorze autres agences de renseignement. L'une de ses missions est de financer des recherches disruptives pouvant les aider à mieux anticiper l'actualité géopolitique. L'un de ces projets de recherche, lancé en 2011 sous le nom d'ACE – Aggregative Contingent Estimation –, donna lieu à la plus grande étude scientifique de la prévision jamais organisée. L'idée était de tester en pratique la capacité de la sagesse des foules à « améliorer considérablement l'exactitude, la précision et le timing des prévisions géopolitiques[1] ». Avec un budget de plusieurs dizaines de millions de dollars, ce projet de recherche inédit et ambitieux devait durer quatre ans, tester systématiquement les pronostics de plus de dix mille amateurs

1. https://www.iarpa.gov/index.php/research-programs/ace

sur près de cinq cents questions, et comparer objectivement les performances de douzaines de méthodes et d'algorithmes conçus pour consolider cette intelligence supercollective. Pouvait-on faire mieux que calculer simplement la moyenne des prévisions de la foule ? Mieux qu'un marché prédictif ? Si oui, à quelles conditions ? Et quelle serait la qualité de ces prévisions issues d'une foule d'amateurs face à celles des analystes professionnels ?

Afin de motiver les chercheurs à donner le meilleur d'eux-mêmes, ACE était organisé comme un concours : cinq équipes étaient en compétition pour assembler un panel de quelques milliers de pronostiqueurs et en extraire les meilleures prévisions. Chacune associait des centres de recherche universitaires à des instituts ou compagnies privés. Ma société, Lumenogic, et sa décennie d'expérience pratique des marchés prédictifs, fut ainsi recrutée dans l'équipe « Good Judgment » menée par le politologue Philip Tetlock de l'Université de Pennsylvanie. Deux ans plus tard, IARPA déclarait notre équipe gagnante, très loin devant les quatre autres.

Les pronostiqueurs recrutés par Good Judgment n'avaient rien d'exceptionnel, sinon qu'ils aimaient suivre l'actualité géopolitique dans des journaux de bonne tenue, comme *The Economist*, le *Wall Street Journal*, le *Washington Post* ou le *New York Times*. Ils étaient des « amateurs » au bon sens du terme, et notre équipe ne les payait que 250 dollars par an pour leur participation. Une somme symbolique comparée au temps de cerveau que nous leur demandions de rendre disponible. Toutes les semaines, IARPA nous donnait trois ou quatre nouvelles questions à leur poser, du type : « L'Iran signera-t-il un préaccord nucléaire avant juin 2014 ? », ou : « La Chine vendra-t-elle un drone à un pays tiers avant mai 2014 ? », ou bien encore : « L'euro tombera-t-il sous la barre de 1,20 dollar dans les six mois qui viennent ? » La plupart des questions avaient un horizon de trois à dix-huit mois.

À certains, on demandait de spéculer sur les bonnes réponses dans un marché prédictif. À d'autres, on demandait simplement de répondre en donnant des probabilités, qu'ils pouvaient ensuite réviser à loisir : c'était l'équivalent d'un sondage prédictif continu, dont on pouvait agréger les réponses avec des algorithmes statistiques plus ou moins malins. Le plus simple, qui servait de niveau de référence, était de calculer la moyenne de toutes les réponses, comme dans l'expérience originale de Galton pour deviner le poids du bœuf. Les autres combinaient plusieurs astuces statistiques pour tenter d'optimiser les prévisions.

Au printemps 2014, le numéro deux de la Banque mondiale, le Français Bertrand Badré, m'invita à donner une conférence sur les marchés prédictifs. J'en profitai pour demander à Jason Matheny, le directeur du programme ACE, devenu depuis le patron d'IARPA, de m'accompagner pour présenter le projet et les enseignements que le gouvernement en avait tirés jusque-là. Jason en présenta quatre :

Le premier enseignement est que les meilleures méthodes de prévision collective mises au point par Good Judgment avaient atteint un niveau de performance jamais égalé. Quelques mois plus tôt, un chiffre évocateur avait filtré dans les médias sous la plume de David Ignatius[1], le chroniqueur vedette des affaires étrangères au *Washington Post* : un initié lui aurait glissé que les prévisions combinées des meilleurs amateurs de Good Judgment étaient 30 % plus fiables que celles des analystes de la communauté du renseignement[2]. Autrement dit, l'intelligence collective d'amateurs payés 250 dollars par an, seulement armés de Google et de leurs journaux préférés, pouvait surpasser celle d'un professionnel disposant de toutes les données top secrètes. Encore une belle démonstration sur le terrain du théorème de la diversité de Scott Page !

Le deuxième enseignement est que les prévisions géopolitiques d'un marché surpassent largement celles d'un simple sondage. On le voit aisément dans la figure 5.7. Dans le panel du haut, les prévisions d'un sondage – la moyenne des prévisions individuelles – ne sont pas bien calibrées. La courbe a la forme d'un « S » parce que le sondage tend à surestimer la probabilité d'événements qui n'arrivent pas souvent, et à sous-estimer les chances de ceux qui sont relativement fréquents. En revanche, dans le panel du bas, les prévisions du marché sont à la fois mieux calibrées et plus catégoriques (proches de 0 % ou de 100 %), donc plus utiles pour un décideur.

Malgré la simplicité apparente du concept ancestral des paris, un marché prédictif est en fait un système

1. Au début des années 2000, David Ignatius a dirigé l'*International Herald Tribune* à Paris.

2. Ignatius, D. (2013) *More chatter than needed.* Washington Post, 1 novembre 2013.

d'agrégation sophistiqué qui calcule bien plus qu'une simple moyenne des prévisions individuelles. En soumettant les résultats bruts d'un sondage à toute une batterie de transformations statistiques, l'équipe Good Judgment a finalement réussi à en améliorer la performance jusqu'à rivaliser avec celle de son marché prédictif[1]. La recette statistique, en trois étapes, permet de mieux apprécier la sophistication du calcul qu'opère automatiquement un marché :

1. *Ne prendre en compte que les prévisions les plus récentes*, a priori *les mieux informées.* Le marché fait de même en restant focalisé sur le prix issu de la dernière transaction.
2. *Calculer une moyenne « pondérée » des prévisions en donnant plus de poids à celles des participants qui ont fait les meilleures prévisions par le passé.* Le marché fait de même en laissant ceux qui ont gagné plus d'argent grâce à leurs bons pronostics avoir plus d'influence sur les prix, et en réduisant automatiquement la voix de ceux qui n'ont plus grand-chose à miser parce qu'ils se sont trop souvent trompés.
3. *Exagérer la prévision moyenne en la décalant un peu vers l'extrémité la plus proche : 0 % ou 100 %.* Par exemple, si la prévision est de 70 %, l'augmenter à 80 %. Si elle est de 40 %, la réduire à 25 %. L'idée est qu'on prend généralement

1. Atanasov, P., Rescober, P., Stone, E., Swift, S., Servan-Schreiber, E., Tetlock, P., Ungar, L. et Mellers, B. (2017) *Distilling the wisdom of crowds : prediction markets vs. prediction polls.* Management Science, 63 : 3.

moins de risque seul qu'en groupe, donc il est justifié d'exagérer la prévision moyenne du groupe. C'est un peu ce que fait le marché lorsqu'il force chaque *trader* à se positionner par rapport au prix consensus.

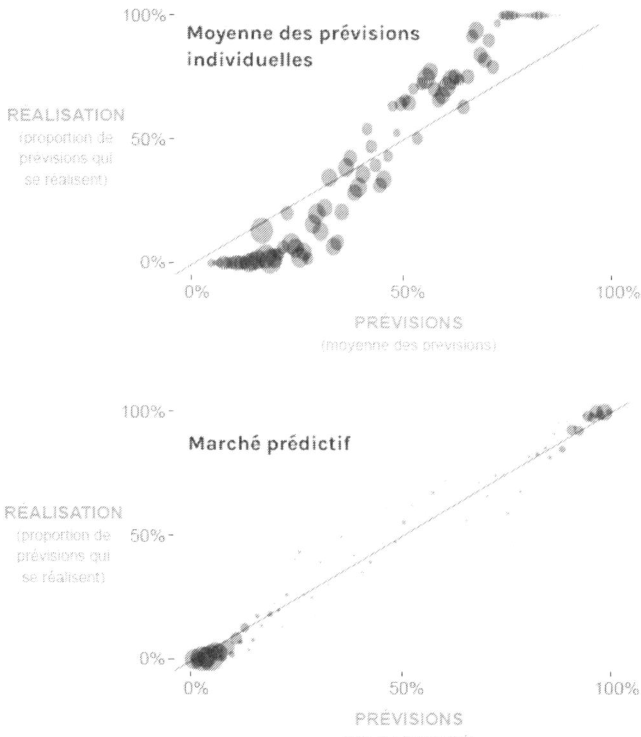

Figure 5.7 : Les prévisions d'un marché prédictif sont à la fois mieux calibrées et plus catégoriques que celles d'un simple sondage (moyenne des prévisions individuelles). Ces *data* portent sur les 109 questions géopolitiques de la deuxième année du programme ACE. La taille des points est relative à la proportion de prévisions établies à chaque niveau de probabilité. (Source des données : Good Judgment Project.)

Le troisième enseignement est peut-être le plus surprenant : « La qualité des prévisions s'explique moins par ce que les gens savent et plus par la manière dont ils pensent », lâcha Matheny au parterre d'experts de la Banque mondiale venus nous écouter. « L'expertise dans un domaine ne garantit pas la qualité des prévisions. Ce sont plutôt la capacité à résoudre des problèmes, les connaissances générales et la mise à jour continue des croyances qui caractérisent les bons prévisionnistes. »

Cette observation confirmait ce que Tetlock avait déjà richement documenté dans un ouvrage paru dix ans auparavant[1]. Il y livrait les conclusions d'une étude expérimentale menée sur vingt ans comparant 82 000 prévisions géopolitiques de 284 experts issus des médias, de l'administration, de départements universitaires, de *think-tanks* et d'institutions internationales comme la Banque mondiale ou le FMI. Il avait observé que les prévisions des spécialistes n'étaient généralement pas meilleures que celles des non-spécialistes. Par exemple, un expert en politique du Moyen-Orient n'anticipait pas forcément mieux ce qui allait se passer en Irak qu'un expert en politique européenne. Les meilleurs prévisionnistes n'étaient pas les plus spécialisés, mais plutôt les moins attachés à une idéologie. Le bon prévisionniste n'a pas d'idée préconçue sur la marche de l'Histoire. Il n'a pas de théorie, seulement des hypothèses. Il considère volontiers les points de vue des autres avant de se

---

1. Tetlock, P. (2005) *Expert Political Judgment : how good is it ? How can we know ?* Princeton.

faire le sien. Il est modeste et opportuniste, prêt à changer d'avis quand des faits nouveaux surgissent, plutôt que d'ignorer volontairement ceux qui ne soutiennent pas sa thèse. Il n'essaie pas de convaincre, il veut comprendre.

Dans les *data* de Good Judgment, il apparaissait clairement que l'un des meilleurs critères pour identifier *a priori* ceux qui allaient réussir, avant même que la première prévision ne soit faite, était le score au test psychologique qui mesure *l'ouverture d'esprit active* : non seulement être ouvert à la contradiction, mais la rechercher activement avant de se faire un avis, puis le réexaminer régulièrement.

Enfin, selon Matheny, le dernier enseignement, mais pas le moindre, est que « faire des prévisions fiables semble être une compétence stable ». Pendant plusieurs années, sur des centaines de questions, Good Judgment avait observé que les as de la prévision étaient les mêmes d'une année à l'autre. Pour ceux-là, en tout cas, la chance ne joue qu'un rôle mineur. Leur manière de penser est assimilable à une « bosse de la prévision », comme d'autres ont la bosse des maths ou un talent artistique (ce qui ne les dispense pas de devoir s'entraîner pour atteindre l'excellence).

À la fin de chaque année du concours de prévision, Good Judgment recrutait les meilleurs 2 % dans un panel VIP de super-prévisionnistes. La performance collective de ce super-panel était, d'année en année, largement supérieure à celle du panel général. Le graphique dans la figure 5.8 est à comparer avec ceux de la figure 5.7. Par rapport aux prévisions du marché prédictif du panel général, celles du super-panel sont encore plus catégoriques, encore plus proches d'une prescience quasi parfaite où toutes les prévisions seraient à 0 % ou 100 %, et toujours correctes. C'est ce panel d'excellence d'environ soixante amateurs qui laissait les analystes professionnels dans la poussière[1].

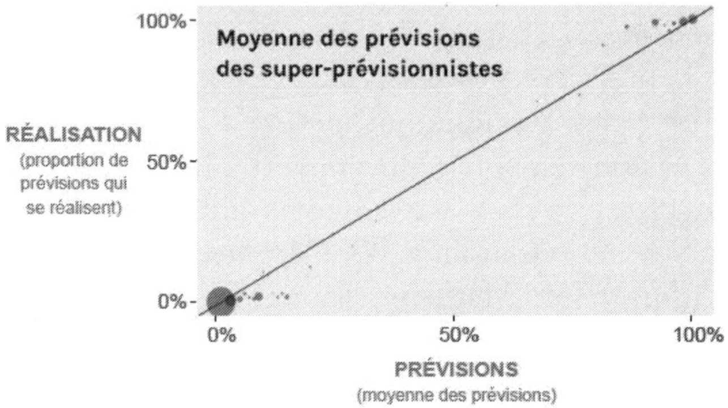

Figure 5.8 : Les prévisions du super-panel de Good Judgment sur les 109 questions géopolitiques de la deuxième année du programme ACE. La taille des points est relative à la proportion de prévisions établies à chaque niveau de probabilité. Comparées aux prévisions du panel général (figure 5.7), elles sont beaucoup plus catégoriques. (Source des données : Good Judgment Project.)

Les super-prévisionnistes n'ont en commun que leur façon de penser et leur curiosité pour le monde. Pour le reste, ce sont des êtres humains lambda comme vous et moi. Plutôt intelligents, bien sûr, mais pas nécessairement géniaux. Ils s'assemblent, mais ne se

1. Tetlock, P. et Gardner, D. (2015) *Superforecasting : the art and science of prediction*. Crown.

ressemblent pas : ils et elles sont jeunes ou vieux, hommes ou femmes, diplômés ou pas… En 2004, la grande chaîne de télévision américaine CBS avait diffusé une émission sur la sagesse des foules au cours de laquelle était interviewé l'un des meilleurs *traders* de notre marché prédictif NewsFutures. Ce super-prévisionniste de la première heure était une mère de trois enfants, divorcée, esthéticienne à temps partiel à Brooklyn. Difficile d'avoir un profil plus éloigné du stéréotype de l'expert !

C'est sur la base de ces enseignements issus du programme ACE et de notre participation à l'équipe Good Judgment que nous avons créé Hypermind en 2014, avec l'idée de mettre le meilleur de la technologie des marchés prédictifs au service de l'intelligence collective d'un panel sélectif de super-prévisionnistes aguerris. La participation est gratuite, anonyme, et les lots sont financés par des entreprises, *think-tanks* ou gouvernements qui ont besoin de prévisions fiables. Hypermind est une méritocratie impitoyable où seuls prospèrent ceux qui ont souvent raison. De tous âges, ils et elles viennent du monde entier avec des expériences professionnelles très variées. La diversité des profils est la clé de voûte de la performance collective du panel. Comme on a pu le voir tout au long de ce chapitre, celle-ci n'a rien à envier aux sondages, experts ou *bookmakers*. En 2014, une compétition amicale entre Hypermind et le super-panel de Good Judgment sur son propre terrain – une quarantaine de questions du programme ACE – avait même conclu à un match nul.

L'intelligence est intimement liée à l'anticipation. Au cours de l'évolution, ceux dont le cerveau n'était pas capable de prévoir, par exemple, le prochain danger sur le chemin, ou le terrain de chasse le plus fertile, ont eu moins de descendants que les autres. En terrain hostile, on ne prospère pas en suivant ses préférences, mais en anticipant correctement le réel. Il va de même en affaires ou en politique : de la capacité à prévoir d'une entreprise ou d'un gouvernement dépend son succès dans la jungle du marché ou du concert des nations. L'intelligence supercollective d'un marché prédictif est une arme secrète qui peut donner un avantage décisif. Les espions américains l'ont bien compris. Nos démocraties et nos entreprises sauront-elles se l'approprier ?

CHAPITRE VI

L'entreprise intelligente

« Je n'utilise pas seulement tout mon cerveau, mais tous ceux que je peux emprunter. »
Woodrow Wilson
28e président des États-Unis

Woodrow Wilson fut le premier président des États-Unis à ressentir sur ses épaules le poids du monde. Réélu en 1916 sur son refus d'impliquer le pays dans la Première Guerre mondiale, il eut l'intelligence et la souplesse d'esprit d'arriver, seulement quelques mois plus tard, à la conclusion inverse. C'est à ce moment-là, et pour un siècle encore, que l'Amérique prit la tête du monde libre et que l'occupant de la Maison-Blanche devint *le* décideur exécutif de référence.

La force de Wilson était de croire en l'intelligence des autres et de s'en servir, ou plutôt de « l'emprunter », selon sa fameuse formule. Une démarche qui le mena jusqu'à fonder la Société des Nations, précurseur de l'Organisation des Nations unies et premier prototype d'un cerveau collectif planétaire. Grâce aux technologies modernes d'intelligence supercollective, les décideurs de nos jours peuvent « emprunter des cerveaux » à une échelle que Wilson n'aurait pas pu imaginer, lui qui ne disposait même pas encore d'un téléphone dans son bureau ovale[1].

La thèse de ce livre est que le moyen le plus sûr pour une entreprise de réveiller son génie n'est pas tant de confier les rênes à des individus providentiels, surdiplômés, visionnaires ou ultra-performants, que de mieux utiliser l'intelligence collective *latente* de ses collaborateurs et de ses clients. Celle des collaborateurs est souvent inhibée par une répartition des rôles qui réduit chacun et chacune à des cases dans un organigramme de spécialistes, et par des silos départementaux qui bloquent les flux d'information. Quant à l'intelligence collective des clients, elle est le plus souvent ignorée, tout simplement.

Les marchés prédictifs permettent d'impliquer *massivement* employés, partenaires et clients dans au moins deux tâches cruciales pour le succès d'une entreprise : la prévision et la formulation d'idées nouvelles, ou « idéation ». Il ne s'agit pas de « faire du participatif » pour rendre le lieu de travail plus sympathique, ou pour promouvoir la marque – objectifs louables par ailleurs, mais qui sont ici hors sujet. Il s'agit d'être géniaux ensemble, pour gagner : augmenter le chiffre d'affaires, accroître les parts de

1. Herbert Hoover, en 1930, fut le premier président des États-Unis à en posséder un.

marché, mener à bien des projets complexes, résister aux crises et inventer les produits qui feront le monde.

Quand le rêve tourne au cauchemar

Tout le monde attendait le nouvel oiseau de rêve de Boeing, le 787 « Dreamliner ». En réponse au mastodonte A380 d'Airbus, le rival américain avait parié sur un avion plus petit, d'une légèreté exceptionnelle grâce aux nouveaux matériaux composites – donc très économe en carburant –, et fabriqué collectivement par un consortium disséminé sur toute la planète. Seul l'assemblage final serait fait à Seattle, où se trouve le siège de Boeing. Un pari gagnant à au moins 100 milliards de dollars, car, avec plus de 700 précommandes, le Dreamliner était l'avion le plus demandé de toute l'histoire de l'aviation commerciale. Il ne restait plus qu'à le faire voler…

Les problèmes commencèrent le 5 septembre 2007. Ce jour-là, Boeing annonça publiquement que le premier vol du 787 devrait être repoussé de trois mois, *mais* que ce contretemps ne devrait pas retarder la livraison du premier avion, prévue neuf mois plus tard, en mai 2008. Qu'en pensaient les analystes ? Selon la presse économique, ils étaient « prêts à accorder à l'avionneur le bénéfice du doute[1] ».

---

1. (2007) *Boeing to delay 787 test-flight*. New York Times.

Toujours à l'affût de prévisions précises, ces propos vagues me laissaient sur ma faim. Et si l'on demandait à un marché prédictif de mesurer le risque que les délais ne soient pas tenus ?

À l'époque nous venions de lancer aux États-Unis un nouveau marché prédictif sur un concept un peu décalé, Bet2Give (« parier pour donner »). L'idée était de permettre aux gens d'investir de l'argent réel, mais sans pouvoir empocher les gains, destinés à être distribués à des associations de bienfaisance de leur choix. Bet2Give essayait ainsi d'associer le frisson du pari au plaisir du don. Quelques jours après l'annonce des ennuis de Boeing, Bet2Give proposa un pari sur la probabilité que l'avion soit livré dans les délais prévus. Un journaliste de la section économique du *Seattle Times*, le quotidien phare de la ville de l'avionneur, relaya l'information dans sa chronique du week-end avec le titre : « Comment parier sur l'arrivée du 787[1] ». Quelques douzaines de parieurs locaux affluèrent et le marché établit autour de 25 % les chances de Boeing de tenir ses délais. L'incertitude était enfin quantifiée : seulement une chance sur quatre !

Dix jours plus tard, Boeing annonça que la livraison du premier Dreamliner aurait six mois de retard, provoquant une perte de 2,7 % de sa valeur à la Bourse de New York. Selon la presse, les analystes s'avouaient « très surpris » au regard des assurances reçues seulement quelques semaines plus tôt[2]. Nous l'étions moins qu'eux, grâce au pronostic pessimiste du marché prédictif.

1. (2007) *How to bet on the 787's arrival*. Seattle Times.
2. (2007) *Boeing delays deliveries of 787*. New York Times.

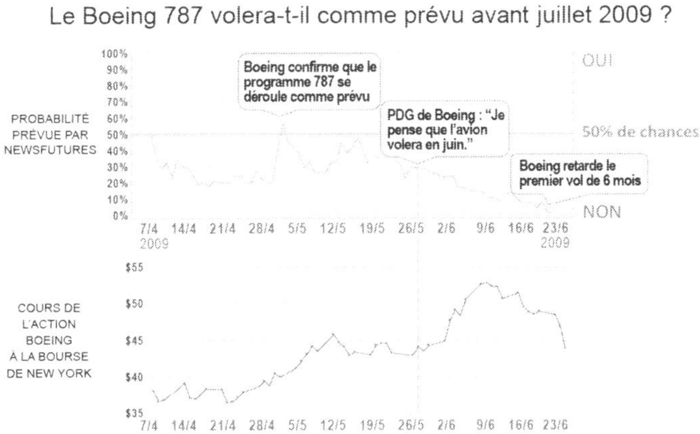

Figure 6.1 : Comment le marché prédictif NewsFutures, en association avec *Science & Vie*, a mieux anticipé les déboires du Boeing 787 que l'entreprise elle-même et que la Bourse de New York. À partir d'une déclaration optimiste du P-DG le 27 mai 2009, l'action s'envole à la Bourse tandis que le marché prédictif y croit de moins en moins.

Le calvaire du 787 dura encore suffisamment pour que nous puissions renouveler l'expérience un an et demi plus tard. Cette fois en France. Le premier vol n'avait toujours pas eu lieu, et la nouvelle date limite était fixée à fin juin 2009. NewsFutures avait cette année-là un partenariat avec le magazine *Science & Vie*, dans lequel l'aéronautique est un sujet favori. Comment ses lecteurs évalueraient-ils les chances de Boeing de faire enfin voler le bel avion avant l'échéance ? La figure 6.1 retrace l'histoire de ce pronostic mouvementé au gré des annonces. Un moment crucial eut lieu fin mai, lorsque le P-DG de Boeing, Jim McNerney, déclara lui-même publiquement : « Je pense que l'avion volera en juin[1]. » L'action Boeing s'envola à la Bourse de New York, alors que le marché prédictif devint de plus en plus pessimiste sur le respect des délais. Le contraste est frappant. Trois semaines plus tard, conformément à ce que pressentait NewsFutures, Boeing annonça un nouveau retard de six mois, semblant surprendre les analystes de Wall Street, qui firent alors lourdement chuter l'action. Comme en 2007, le marché prédictif avait réussi à mesurer un risque dont toute la presse économique parlait, mais que personne n'avait explicitement quantifié.

Il est probable que les cadres dirigeants de Boeing croyaient sincèrement en leurs chances de respecter leurs engagements. L'excès d'optimisme est un biais fréquent chez les managers. Mais, dans un projet industriel aussi complexe, la vue d'en haut de la pyramide n'est pas la meilleure pour discerner les problèmes sur le terrain. En 2007, c'est une pénurie imprévue de vulgaires attaches qui avait immobilisé la production du 787. Plus tard, ce furent des manuels d'assemblage exclusivement rédigés en italien qui retardèrent les ouvriers américains. De façon similaire, on se souvient que la production des premiers A380 d'Airbus avait pris deux ans de retard à cause d'un simple problème de câbles dans une usine de Hambourg… En recrutant des *traders* à Seattle, au royaume de Boeing, ou dans les rangs d'amateurs férus d'aéronautique, nos marchés prédictifs avaient

1. (2009) *Boeing 787 Dreamliner on track to fly in June-CEO*. Reuters.

apparemment subodoré des difficultés qui avaient du mal à remonter jusqu'en haut de la hiérarchie de l'avionneur ou à parvenir aux oreilles des analystes financiers. L'intelligence collective d'un marché prédictif peuplé d'employés de l'entreprise, à tous les niveaux, aurait pu détecter ces problèmes encore plus vite et encore mieux, et peut-être aider à éviter une catastrophe industrielle coûteuse. Dès qu'un tel marché commence à battre de l'aile, le chef de projet peut se demander ce que le marché sait déjà, mais que lui ignore encore, mener une enquête et essayer de corriger le problème avant qu'il n'empire.

« On a besoin de savoir ce qui se passe réellement dans ces usines », remarqua McNerney en remplaçant le chef du projet Dreamliner après le fiasco de 2009. Ce n'est pas par hasard si, quelques années plus tard, le département Tests & Évaluations de Boeing mit au service de tous ses chefs de projet un marché prédictif interne reliant ses sites éparpillés aux quatre coins des États-Unis.

Boules de cristal 2.0

« Si seulement HP savait ce que HP sait », se lamenta fameusement Lew Platt, un cadre dirigeant de Hewlett-Packard dans les années 1980, « nous serions trois fois plus productifs ! » Il se plaignait de la façon dont l'organisation décentralisée et déconnectée de son entreprise empêchait le savoir collectif d'émerger… Il en devint le P-DG dans les années 1990, et sous sa gouverne HP fut une pionnière du « *knowledge management* », la gestion partagée des connaissances. C'est dans ce contexte favorable que les laboratoires d'HP conduisirent les premiers tests de marchés prédictifs en entreprise.

L'objectif était d'améliorer les prévisions de vente afin de mieux gérer la production et les stocks. L'approche classique, reposant sur les analyses de quelques spécialistes armés de modèles statistiques et l'œil rivé sur la compétition, ne donnait pas satisfaction. Une seconde approche avait tenté d'exploiter l'intelligence collective des vendeurs : chacun devait donner sa meilleure estimation, dont on calculait ensuite la moyenne. Mais ça ne marchait pas bien non plus, car chacun, pour préserver son bonus, avait intérêt à sous-estimer les ventes, ce qui aboutissait à des ruptures de stock. En désespoir de cause, on appela un économiste du California Institute of Technology à la rescousse. Il proposa de tester une idée étrange : un marché où s'échangeraient les prévisions.

Quelques douzaines d'employés furent recrutés dans les départements de marketing, vente, finance et produits pour participer au marché. Leurs points de vue étaient censés se complémenter. Chacun reçut 50 dollars à investir comme il le souhaitait dans dix actions différentes, correspondant chacune à un intervalle de ventes mensuelles d'imprimantes. Quand le vrai chiffre de vente serait connu, environ trois mois plus tard, les actions de l'intervalle gagnant vaudraient alors 1 dollar, tandis que les autres ne vaudraient plus rien. Les *traders* pouvaient spéculer à loisir pendant une quinzaine de jours, à l'heure du déjeuner, et de façon anonyme, avant que leur prévision ne soit arrêtée. Le prix des actions de chaque intervalle reflétait alors la probabilité que les ventes réelles soient à ce niveau. En consolidant ces probabilités sur l'ensemble des intervalles, on pouvait calculer une prévision précise du nombre d'imprimantes qui seraient vendues dans trois mois.

En trois ans de test, sur une douzaine de prévisions, celles du marché se révélèrent trois fois sur quatre meilleures que les prévisions officielles établies par le département financier[1]. Dans les années qui suivirent, HP étendit l'expérience à d'autres domaines stratégiques, comme la prévision du prix des microprocesseurs, avec des résultats tout aussi probants.

Depuis ce premier succès à la fin des années 1990, beaucoup d'autres entreprises ont mis en place des marchés prédictifs internes. En compilant les résultats publiés par HP, Intel, Google, Arcelor-Mittal, Koch Industries, Ford, Eli Lilly et Campbell's, on peut estimer la performance moyenne de ces boules de cristal participatives. Par rapport aux prévisions des méthodes classiques, celles des marchés sont plus *justes* dans 73 % des cas, et en moyenne 21 % plus *précises*[2,3].

---

1. Plott, C. et Chen, K. (2002) *Information aggregation mechanisms : concept, design and implementation for a sales forecasting problem*. Working paper, California Institute of Technology.

2. Cowgill, B. et Zitzewitz, E. (2015) *Corporate Prediction Markets : Evidence from Google, Ford, and Firm X*. The Review of Economic Studies, 82 : 4.

3. Lang, M., Bharadwaj, N. et Di Benedetto, C.A. (2016) *How crowdsourcing improves prediction of market-oriented outcomes*. Journal of Business Research, 69.

L'analyste stratégique d'Intel, qui a supervisé l'opération de son marché prédictif, résume parfaitement les clés du succès : « Premièrement, l'anonymat et les incitations, qui encouragent chacun à partager des informations sincères et dé-biaisées. Deuxièmement, la combinaison d'opinions multiples, qui produit des signaux lisses et fiables. Troisièmement, le *feedback*, qui permet aux participants d'évaluer leur performance passée et d'apprendre à pondérer les informations pour produire de meilleures prévisions[1]. »

Les chercheurs avec qui nous avons collaboré pour créer le marché interne de Campbell's notent par ailleurs que « les domaines où les prévisions collectives donnent de meilleurs résultats sont ceux pour lesquels il y a moins d'information disponible pour étayer une prévision classique ». C'est quand on veut prévoir le succès d'un nouveau produit, quand on attaque un nouveau marché, ou un nouveau canal de distribution, ou quand un marché familier est soudain déstabilisé, que l'intelligence collective est le plus utile.

Un cas qui m'avait particulièrement frappé nous avait été présenté par Fonterra, une coopérative laitière de 10 500 fermiers néozélandais. Son nom ne vous est peut-être pas familier, mais Fonterra est responsable de 30 % des exportations mondiales de produits laitiers. Sa capacité à anticiper les prix de gros du beurre, du lait et du fromage sur le mar-

1. Hopman, J. (2006) *Using Forecasting Markets to Manage Demand Risk*. Intel Technology Journal, 11 : 2.

ché global est donc fondamentale. Mais voilà qu'à partir de l'automne 2006, après plus d'une décennie de stabilité relative, les prix des produits laitiers s'étaient soudain envolés en raison d'une explosion de la demande dans les pays émergents, notamment en Chine et en Inde. La figure 6.2 illustre la violence du choc. Pratiquement du jour au lendemain, tous les modèles de prévision, fondés sur les données historiques, étaient devenus obsolètes. Fonterra n'avait plus d'outil fiable pour prévoir l'évolution des prix. C'est à ce moment de crise que l'entreprise décida de faire appel à son intelligence collective.

Nous avons conçu pour elle un marché prédictif en ligne auquel participaient une centaine d'employés disséminés dans les principaux pays consommateurs. De leurs positions respectives, ils étaient en compétition pour faire les meilleures prévisions sur l'évolution des prix trois, six, neuf et douze mois en avance. À la fin de chaque trimestre, les gagnants étaient récompensés par une poignée de dollars.

Une idée maligne de Fonterra était de mêler la prévision collective du marché prédictif à celles de quatre nouveaux modèles statistiques construits à la hâte pour remplacer les périmés. Au début, chaque méthode devait contribuer également au mix, à hauteur de 20 %. Puis, au fur et à mesure des résultats, de trimestre en trimestre, l'influence des méthodes les plus performantes serait augmentée, et celle des autres diminuée... Au bout d'un an, la prévision collective s'était montrée si performante que son poids dans le mix était monté à 50 %.

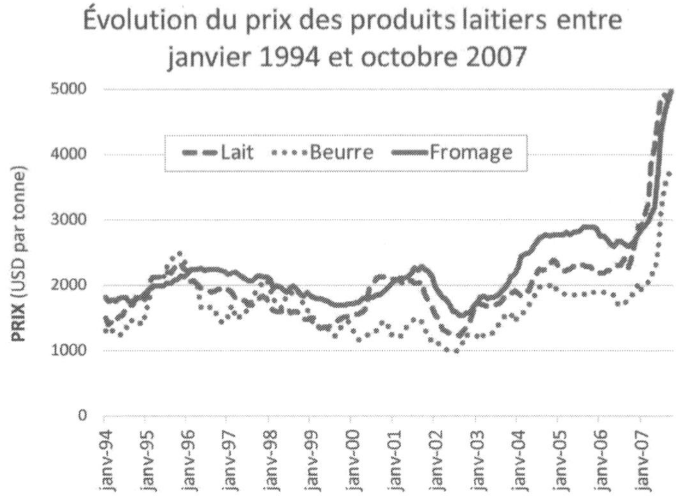

Figure 6.2 : À partir de l'automne 2006, une explosion de la demande dans les pays émergents causa l'envol brutal des prix de produits laitiers sur le marché mondial. Pour prévoir la suite, Fonterra fit appel à l'intelligence collective. (Source des données : Fonterra.)

En fusionnant les prévisions issues de différentes méthodes, Fonterra a suivi une « bonne pratique » qui s'accorde parfaitement avec la recette de l'intelligence collective et le théorème de la diversité[1]. La

1. Voici les conseils d'un des meilleurs experts de la prévision, le professeur J. Scott Armstrong de la Wharton School de l'Université de Pennsylvanie : « Pour améliorer la précision des prévisions, combinez des prévisions dérivées de méthodes qui diffèrent substantiellement et puisent à différentes sources d'information. Dans la mesure du possible, utilisez cinq méthodes ou plus. Utilisez une procédure formelle pour combiner les prévisions : une règle de pondération égale est un point de départ raisonnable, et une moyenne tronquée est souhaitable si vous combinez des prévisions résultant de cinq méthodes ou plus. Utilisez des poids

prévision collective doit être considérée comme un complément des méthodes plus classiques, car chacune regarde le même problème sous un angle différent. Elles peuvent aussi s'informer mutuellement, comme c'est le cas chez Intel depuis 2006. Pour ce fabricant de microprocesseurs, il est essentiel de prévoir la demande au moins trois mois à l'avance, sans plus de 5 % d'erreur. La prévision officielle est établie et révisée mensuellement. La prévision du marché prédictif est aussi rapportée mensuellement, mais avec quinze jours de décalage. Cet entrelacement permet aux deux prévisions de s'influencer sans s'éclipser.

Faire participer beaucoup d'employés à l'effort de prévision permet d'ausculter la qualité de la communication à l'intérieur de l'entreprise. Il est souvent très instructif de décortiquer la prévision collective selon les sous-groupes fonctionnels ou géographiques qui y ont participé. Les prévisions issues du terrain ressemblent-elles à celles issues du siège ? Le département marketing parie-t-il dans le même sens que le département R&D ? De même qu'un médecin peut voir une fracture de l'os en passant un membre aux rayons X, l'analyse des paris des différents sous-

---

différents si votre connaissance du domaine vous permet de savoir quelle méthode devrait être la plus fiable. Combiner des prévisions est particulièrement utile lorsque vous êtes incertain de la situation, incertain de la méthode la plus précise, et lorsque vous voulez éviter de grosses erreurs. » Source : Armstrong, J.S. (2001) *Combining Forecasts*. Dans Armstrong, J.S. (ed.) *Principles of Forecasting : A Handbook for Researchers and Practitioners*. Kluwer Academic Publishers.

groupes de participants permet de visualiser des anomalies qui trahissent des dysfonctionnements organisationnels.

Un exemple est issu d'un marché prédictif que nous avions conçu pour une entreprise leader d'agrochimie. Une centaine d'employés, recrutés au siège et sur le terrain, y pariaient sur des volumes de vente. Le graphique de la figure 6.3 fait apparaître que le groupe en charge de la politique commerciale était en net décalage par rapport au reste de l'entreprise : il était beaucoup plus optimiste que les groupes d'employés sur le terrain. Quand ceux qui décident du prix d'un produit sont plus optimistes sur les ventes que ceux qui vendent ce produit sur le terrain, ou inversement, il y a un problème de communication à régler d'urgence. Qu'importe qui a le plus raison.

L'autre aspect intéressant de ce type d'analyse est qu'elle permet d'identifier les groupes de parieurs les plus fiables, afin de donner plus de poids à leurs prévisions aux prochains tours.

Étant donné l'importance de la prévision pour une entreprise, et l'avantage démontré d'y injecter une forte dose d'intelligence collective, il peut paraître étonnant que cette approche ne soit pas plus répandue aujourd'hui. C'est qu'elle est fortement disruptive. D'une part, elle force à redéfinir le rôle des experts qui sont en charge des prévisions officielles. Quand tout le monde peut faire des prévisions, et que le marché garde une trace de ceux qui ont eu raison ou tort, que penser si les experts attitrés ne dominent pas le classement ? D'autre part, elle introduit une nouvelle dimension de comparaison entre les employés.

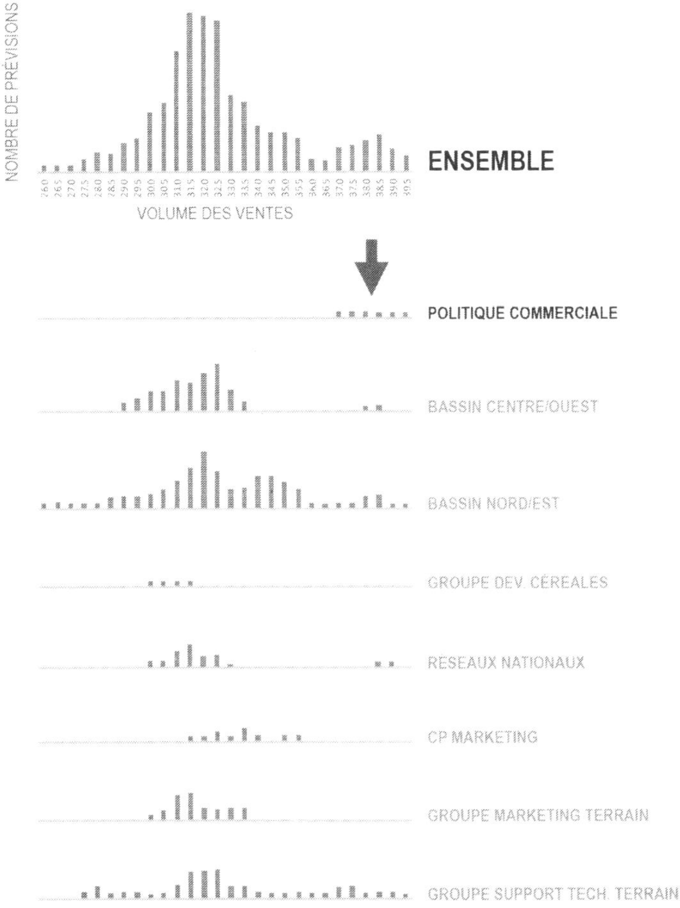

Figure 6.3 : La prévision collective peut être décortiquée en sous-groupes afin de repérer des dysfonctionnements organisationnels. Le graphique tout en haut représente, à chaque niveau de volume des ventes d'un produit, le nombre de participants qui ont fait cette prévision. Les graphiques en dessous représentent la même chose, mais par sous-groupe de parieurs. La flèche attire l'attention sur le décalage entre ceux en charge de la politique commerciale et le reste de l'entreprise.

Que faire des quelques super-prévisionnistes qui ne manqueront pas d'émerger hors du sérail[1] ? Au contraire, est-ce qu'être un mauvais parieur implique que l'on ne connaît pas son sujet ? Si l'on n'y fait pas attention, l'ouverture à l'intelligence collective peut être plus stressante que stimulante pour tout le monde.

Quand l'entreprise opère un marché prédictif, ce doit être sous la responsabilité de ceux qui sont en charge des prévisions officielles. Ce sont eux qui doivent définir quelles questions poser au marché, et décider comment interpréter et contextualiser les prévisions qui en émergent. Leur rôle n'est pas de participer eux-mêmes au marché, plutôt de le nourrir et de s'en servir. Pour les employés en général, la participation doit être volontaire, car l'appétence pour le pari, même virtuel, est loin d'être universelle. Enfin, ceux qui participent doivent être récompensés, ou au moins reconnus, pour leur contribution. Il est terriblement contre-productif de signaler aux participants que le marché n'est qu'un « jeu ». On doit au contraire le présenter comme un instrument de travail essentiel pour guider les stratèges vers les meilleures décisions.

Le marché prédictif est aussi un formidable outil pour identifier un panel interne de super-prévisionnistes, voué à devenir une nouvelle ressource opérationnelle

1. Anecdote amusante : à la fin d'un concours de prévisions de six mois que nous avions organisé pour les employés de la Société générale, le grand gagnant resta longtemps introuvable. Finalement, il fut identifié comme un stagiaire qui, son bref séjour achevé, avait poursuivi son chemin ailleurs.

stratégique pour l'entreprise. Depuis la conclusion du projet ACE d'IARPA, le panel de quelques centaines de super-prévisionnistes amateurs identifiés par Good Judgment est ainsi resté au service des agences de renseignement américaines. Une entreprise visionnaire demanderait aux super-prévisionnistes identifiés dans ses rangs d'en faire leur job à plein temps.

Innover plus en dépensant moins

Les entreprises considérées par leurs pairs comme les plus innovantes ne sont pas celles qui dépensent le plus en recherche et développement. C'est la conclusion récurrente de l'étude *Global Innovation 1 000* publiée chaque année par le cabinet Strategy& de PwC. Au lieu de cela, note Rosabeth Moss Kanter, professeur de stratégie et d'innovation à la Harvard Business School, les entreprises les plus innovantes sont celles qui impliquent *massivement* leurs collaborateurs dans l'effort d'idéation. Et dans ce domaine aussi, les paris permettent d'accélérer et d'améliorer le processus. Quand on veut exploiter l'intelligence collective de centaines ou de milliers de collaborateurs, on ne peut plus se contenter de séances de *brainstorming* fastidieuses, de Post-it illisibles ou de boîtes à idées aux airs d'oubliettes.

Mes associés et moi avons été confrontés à ce problème pour la première fois en 2007, quand le vice-président des technologies émergentes du groupe hôtelier InterContinental, Zubin Dowlaty, cherchait une solution pour sonder les idées innovantes que pourraient avoir les 1 000 employés de ses équipes techniques, technologiques et analytiques. « Nous souhaitions interroger ces créatifs, dont les idées ne sont pas souvent prises en compte », raconta-t-il ensuite au *New York Times*[1]. Mais le problème quand on demande à des centaines de personnes de proposer des idées, c'est qu'on se retrouve avec des centaines d'idées à évaluer. Inévitablement, ce travail long et pénible sera relégué à quelques employés subalternes, dont les évaluations subjectives et les décisions opaques ne satisferont ni les participants ni les commanditaires. Comment faire mieux ? Voici la solution en deux temps – récolte puis hiérarchisation – que nous avions alors mise au point avec InterContinental.

Dans la première phase de récolte, les participants étaient invités à soumettre leurs idées de façon anonyme (sous couvert d'un pseudo) sur une plateforme Web, en les décrivant chacune brièvement, accompagnées d'une liste de bénéfices pour les clients et pour l'entreprise. Chaque idée soumise était visible par tous les participants et pouvait être modifiée et discutée dans un forum associé pendant plusieurs jours.

La deuxième phase, celle de la hiérarchisation des idées, recèle la véritable innovation. Au lieu de demander à chacun d'« aimer » ou de voter pour ses idées préférées, comme c'est typiquement le cas, par exemple, pour un budget participatif, nous leur demandions de *parier* sur les idées qui seraient ou ne seraient pas acceptées par les décideurs de l'entreprise. C'est fondamentalement différent. Celui

1. (2008) *Betting to improve the odds*. New York Times.

qui vote exprime sa préférence personnelle, indépendamment de ce qui est bon pour le collectif. Celui qui parie doit au contraire se mettre à la place du décideur (le patron, le maire) et faire son choix, comme lui, en fonction du bien collectif (l'entreprise, la ville). Ainsi, le décideur peut se concentrer sur les quelques idées qui sortent du lot plutôt qu'avoir à les évaluer toutes. « C'est beaucoup plus efficace qu'un sondage pour recueillir et hiérarchiser des idées », conclut Dowlaty.

Pour parier sur 85 idées, nous avions imaginé un marché prédictif très simplifié. Les 200 participants disposaient chacun d'une dizaine de jetons verts et rouges. Les jetons verts pour parier sur les meilleures idées, les rouges pour parier contre les moins bonnes. Le nombre de jetons était très faible relativement au nombre d'idées à évaluer, de façon à concentrer les choix sur le meilleur et le pire. Pendant les quelques semaines d'opération de la plateforme, on pouvait changer ses paris à loisir au fur et à mesure que de nouvelles idées étaient proposées, et les cotes étaient régulièrement mises à jour. À la fin, au vu des quelques idées retenues par les décideurs, on gagnait des points pour chaque jeton vert misé sur une idée gagnante, et pour chaque jeton rouge misé sur une idée non retenue. Les trois meilleurs parieurs empochaient quelques centaines de dollars.

L'une des idées gagnantes proposait l'intégration de Google Maps dans le site Web d'InterContinental afin d'aider les clients à trouver un hôtel. Cela paraît évident aujourd'hui, mais à l'époque c'était si innovant que Google en tira une étude de cas pour promouvoir son nouveau service de cartes[1].

Un point fondamental de cette approche est la possibilité de parier « contre », même au risque de vexer ceux qui proposent des idées bancales. Dans la vie, pouvoir dire « non » est en général plus utile que de pouvoir dire « oui ». Quand on vous propose trop de choses, que cela soit des plats dans un menu chinois ou des candidats au premier tour d'une élection, il est plus facile d'éliminer que de choisir. Une étude du centre d'intelligence collective du MIT est venue récemment confirmer l'importance du négatif dans les concours d'idéation[2]. Les chercheurs ont comparé la qualité des estimations obtenues de trois façons différentes : dans un premier cas (paris positifs), les participants disposaient de quelques jetons pour parier sur les idées ayant le plus de chances d'être choisies par un comité d'experts. Dans un second cas (paris négatifs), ils devaient utiliser leurs jetons pour parier sur les idées ayant le *moins* de chances de gagner. Enfin, dans un troisième cas (notes), ils devaient évaluer les chances de gagner de chaque idée sur une échelle de 1 à 5. Les paris négatifs aboutirent aux jugements les plus efficaces : 20 % plus proches des jugements experts que les notes, et 43 % plus proches que les paris positifs ! Les parieurs complé-

1. (2008) *Leading hotel company uses Google Maps to enhance customers' travel planning experience*. Google Maps API Premier Case Study.

2. Klein, M. et Garcia, A. (2015) *High-Speed Idea Filtering with the Bag of Lemons*. Decision Support Systems, 77.

taient aussi leur tâche trois fois plus vite que ceux qui devaient noter chaque idée.

Pour expliquer ce résultat contre-intuitif, les chercheurs font valoir que les paris négatifs permettent d'éliminer toutes les idées qui présentent un défaut important sans avoir à les analyser en profondeur sous toutes les coutures. Pour avoir une chance de gagner, une idée doit être performante dans toutes ses dimensions : technique, commerciale, design, etc. Mais personne ne peut apporter un jugement expert dans autant de dimensions à la fois. En revanche, une ingénieure peut repérer un défaut technique sans avoir à évaluer les mérites de l'idée sur les autres dimensions où elle n'a pas d'expertise particulière. De même, un vendeur peut identifier une faiblesse dans la proposition de valeur d'un produit sans se préoccuper de ses qualités techniques. Les paris négatifs permettent à l'expertise de chacun de s'exprimer plus clairement, et d'éliminer plus efficacement les canards boiteux.

Il y a là une leçon générale à tirer. Bien que nous soyons encouragés dès le plus jeune âge à privilégier le positif et l'acquiescement – notamment en politique, où l'on ne peut qu'exprimer des votes positifs ou se taire –, le rôle du négatif dans l'intelligence n'est pas à négliger. Il permet de converger plus rapidement et plus sûrement vers les bons choix.

Le MIT n'a pas testé le cas où l'on propose des paris négatifs *et* positifs, mais, selon mon avis de praticien, ils sont complémentaires. Les premiers servent à éliminer les mauvais choix, les seconds servent à classer ceux qui restent. La combinaison des deux permet d'organiser les idées dans quatre catégories (ci-dessous). En pratique, les idées qui font débat, avec beaucoup de positif et de négatif, méritent d'être évaluées de plus près par les décideurs, car elles ont un potentiel de rupture que n'ont pas celles qui font consensus.

	PEU DE POSITIF	BEAUCOUP DE POSITIF
PEU DE NÉGATIF	Idées qui n'intéressent personne	Bonnes idées consensuelles
BEAUCOUP DE NÉGATIF	Idées à rejeter	Idées qui font débat. Fort potentiel d'innovation et de rupture

Les paris d'InterContinental n'impliquaient que 200 participants et 85 idées, mais un tel système, une fois mis en ligne, peut facilement changer d'échelle. Le *Rapid Reaction Innovation Team* (RRIT) de l'Air Force américaine l'utilisa pour récolter et hiérarchiser les idées des 2 000 jeunes ingénieurs de ses laboratoires de recherche. Au lieu de dépendre uniquement de la capacité d'innovation de ses partenaires industriels, l'Air Force cherchait ainsi à encourager ses propres *geeks*, au plus près des utilisateurs, à proposer des projets. « Cela nous a permis de dynamiser nos équipes », raconta à *Bloomberg* David Shahady, le sous-directeur du RRIT[1]. Il en résulta des améliora-

1. (2011) *Lumenogic mines workers' opinions for U.S. Air Force, multinationals*. Bloomberg.

tions des caméras des drones, et un nouveau système radar capable de détecter des signes vitaux humains depuis dix fois plus loin que les systèmes précédents.

La société américaine Molex[1], spécialisée dans la connectique, utilise le système des paris à une échelle internationale pour animer depuis 2012 un concours d'innovation régulier. Il recueille tous les dix-huit mois les idées de nouveaux produits et les paris de plus de 5 000 ingénieurs disséminés dans les laboratoires et les usines Molex aux États-Unis, en Chine, au Japon et en Corée du Sud.

« Le meilleur moyen d'avoir une bonne idée est d'en avoir beaucoup, » disait Linus Pauling, lauréat du prix Nobel de chimie. Aujourd'hui, il est d'autant plus facile d'avoir beaucoup d'idées que l'on peut si facilement faire appel à la créativité et au jugement collectif d'une multitude de collaborateurs.

L'innovation en entreprise ne se limite pas aux nouveaux produits ou services. L'intelligence collective peut être utilisée pour trouver des solutions créatives à toutes sortes de problèmes stratégiques ou organisationnels. Au-delà de la qualité des solutions elles-mêmes, l'implication de tous favorise l'adhésion de chacun et permet ainsi une action efficace. Les bonnes idées qui viennent d'en bas sont perçues comme plus légitimes que celles qui viennent d'en haut. Elles rencontrent moins de résistance.

1. Si le nom vous est familier, c'est peut-être parce que les employés de l'usine française (fermée depuis) firent brièvement la une des journaux en 2009 en séquestrant leurs cadres dirigeants pendant vingt-six heures.

Cela peut aider à débloquer un dialogue social grippé. Je me souviens d'un cas en France où les managers souhaitaient réorganiser les emplois du temps et l'organisation du travail dans des centres d'appels afin de mieux coller à la demande des clients. L'impact sur la vie quotidienne de certains employés promettait d'être significatif, parfois douloureux. Les trois ou quatre représentants du personnel, méfiants et inquiets, faisaient barrage. Devant la difficulté du dialogue, et confrontés à l'impossibilité pratique de passer en force, les managers eurent finalement l'idée de faire appel à l'intelligence collective des quelques centaines d'employés eux-mêmes pour chercher des solutions. Quitte à augmenter massivement le nombre d'interlocuteurs, on en profita pour élargir le périmètre de la consultation à l'ensemble des problèmes concernant les équipes : non seulement le point brûlant des emplois du temps, mais aussi les équipements, l'excellence du service, le partage des connaissances… Sous couvert d'anonymat, chacun pouvait proposer des idées et tout le monde pouvait en discuter, puis parier sur leurs chances d'être acceptées par les managers. Il ne s'agissait pas de voter sur ses propres préférences ou revendications, mais de parier sur ce qui serait acceptable pour tous. Les points de blocage furent rapidement dissous dans la créativité collective. Les managers obtinrent une cartographie complète de l'ensemble des préoccupations des collaborateurs, avec les mesures et les sources (fonctionnelles, géographiques, démographiques) d'avis positifs et négatifs sur chacune : une « bible de management » qu'ils souhaitaient « exploiter en totalité et dans la durée ». Une négociation fructueuse put enfin commencer.

Les exemples donnés jusqu'ici ont tous en commun l'exploitation massive de l'intelligence collective des collaborateurs. Mais emprunter des cerveaux hors les murs peut être tout aussi bénéfique.

La banque privée, celle qui gère les patrimoines de particuliers fortunés, est une industrie multi-centenaire, prospère mais un peu poussiéreuse. À l'époque des nouveaux riches issus des pays émergents et des *start-up*, elle a besoin de se réinventer. En 2015, une grande banque privée internationale avait initié cette réflexion en interne, avec une petite équipe, et généré une vingtaine d'idées pour poser les bases de la « banque privée de demain » : nouveaux services, nouveaux produits, nouveaux types d'interactions avec les clients, etc. Mais les doutes persistaient : les idées que l'on avait eues étaient-elles *vraiment* bonnes ? Et avait-on pensé à *toutes* les bonnes idées ?

Pour tenter de lever ces doutes, la banque décida de solliciter un panel constitué de quelques centaines des meilleurs prévisionnistes d'Hypermind, en particulier ceux dont le parcours professionnel incluait la banque, le conseil ou la technologie. Leur tâche était d'abord de proposer des idées, puis de parier sur celles qui seraient retenues par la banque pour sa feuille de route d'innovation. Les vingt idées initiales de la banque étaient incluses de façon anonyme dans le mix, comme si elles étaient proposées par des panélistes lambda. Les auteurs des meilleures idées, ainsi que les meilleurs parieurs, seraient récompensés de quelques centaines d'euros chacun. Le processus était essentiellement le même que pour InterContinental, l'Air Force ou Molex, sauf que le panel était cette fois extérieur à l'organisation.

Les panélistes proposèrent 135 nouvelles idées à ajouter aux 20 de l'équipe d'innovation interne. Après analyse des paris pour et contre, la banque en retint une trentaine, dont 80 % étaient issues du panel. Les deux tiers des 20 idées originales de la banque avaient été recalées. En recrutant un supplément d'intelligence collective en dehors de ses murs, la banque avait pu, d'une part, rapidement éliminer les idées bancales qui risquaient de la fourvoyer, d'autre part, valider ses meilleures idées, et en définitive multiplier par cinq le nombre de bonnes idées dans sa feuille de route.

Évoluer ou périr

On fait souvent la comparaison entre la compétition féroce du marché et la loi de la jungle. Sauf que, à l'ère de l'information, ce ne sont plus les plus forts qui dominent, mais les plus intelligents. Combien d'entreprises dominantes sont tombées pour n'avoir pas su s'adapter à l'accélération du monde, n'avoir pas su anticiper ni innover suffisamment ? Combien de *start-up* aux noms farfelus sont au contraire devenues maîtresses de l'univers en innovant plus vite et en voyant plus loin ? Aujourd'hui, chaque entreprise a besoin d'être aussi géniale que possible. Pourquoi ne pas libérer tout le potentiel de son intelligence supercollective ?

Le travail d'équipe n'est pas un concept nouveau en *business*. Ce qui est nouveau, c'est que l'on peut maintenant le conduire à très grande échelle. De même que les *big data* ont rendu possibles des intelligences artificielles que les données en moins grand nombre ne permettaient pas de concevoir, la disponibilité massive, quasi immédiate, sans contraintes géographiques, d'une multitude de cerveaux, en interne ou en externe, permet d'augmenter considérablement le QI d'une entreprise, et en particulier ses capacités de prévision et d'innovation.

Cela ne fait qu'une quinzaine d'années que les technologies sont vraiment disponibles. Mais la technologie est la partie facile. Les mentalités et les habitudes, forgées à l'ère du pré-numérique, évoluent plus lentement. Seules les entreprises les plus agiles ont déjà commencé à saisir le potentiel de l'intelligence supercollective. La révolution du numérique n'est pas tant technologique que mentale et générationnelle. En 1998, quand Google fut fondée et que les premiers marchés prédictifs étaient testés chez Hewlett-Packard, les employés dans la plupart des entreprises savaient à peine se servir d'un navigateur Web et les plateformes « participatives » n'existaient quasiment pas. Wikipédia n'était même pas encore une idée. Vingt ans plus tard, en 2018, tous les employés de moins de 35 ans ont grandi dans un monde virtuel où le partage est la règle. Ces hommes et ces femmes sont habitués à s'exprimer sur tout, tout le temps, dans leur vie personnelle comme sur leur lieu de travail. Les entreprises qui s'organiseront pour canaliser de façon productive ce foisonnement d'opinions seront les seules à pouvoir attirer et retenir les talents. Les autres seront asphyxiées.

Une urgence similaire s'impose depuis peu à nos démocraties fatiguées. Et là aussi l'enjeu est vital.

CHAPITRE VII

Superdémocratie

« Yes we can[1]. »

Barack Obama
44e président des États-Unis

« I alone can fix it[2]. »

Donald Trump
45e président des États-Unis

La démocratie est un moyen, pas une finalité. C'est une façon de rendre la société plus intelligente en s'appuyant sur la sagesse des foules. Si les dictatures et les monarchies absolues finissent toujours par s'effondrer, c'est sous le poids de leur bêtise. L'arrogance naturelle de l'autocrate, même génial, le poussera inévitablement à commettre une erreur fatale. Même le monarque le plus éclairé finit par disparaître, sans garantie que la relève soit au niveau. Les démocraties

1. « Oui, nous le pouvons. »
2. « Il n'y a que moi qui puisse arranger les choses. »

sont plus résilientes parce qu'elles s'adaptent mieux, se renouvellent plus souvent et corrigent plus vite leurs erreurs.

Mais tout cela sera-t-il encore vrai quand les autocrates et les dictateurs seront équipés d'intelligence artificielle ? Pour rester pertinente, la démocratie doit redoubler d'efficacité en misant sur l'intelligence supercollective.

« La » démocratie ne veut d'ailleurs pas dire grand-chose, car chacune a ses particularités. Une démocratie est comme une intelligence *artificielle* dont le logiciel serait sa constitution. Il y a des constitutions plus ou moins cohérentes ou performantes. La constitution des États-Unis, qui perdure depuis plus de deux siècles, est plus cohérente et performante que celle de notre IVe République, qui n'a duré qu'un temps, ou que celle de notre Ve République, qui, taillée pour un homme en particulier depuis longtemps disparu, semble à bout de souffle. Comme dans tout logiciel, il y a des *bugs* plus ou moins faciles à corriger, et des fonctionnalités manquantes plus ou moins faciles à ajouter. En vocabulaire législatif, on appelle cela des révisions et des amendements. Mais, à force d'ajouter des fonctionnalités à un logiciel, les programmeurs vous diront que l'on finit par dénaturer le programme, jusqu'à le rendre incohérent ou impossible à maintenir. Il vaut mieux alors écrire une nouvelle version du logiciel – une nouvelle constitution – plutôt qu'opérer une énième mise à jour.

Comme un logiciel, une constitution est périssable. Elle peut être rendue obsolète par les avancées technologiques. De même que les nouvelles technologies de communication – Internet et téléphonie mobile – ont complètement bouleversé l'industrie du logiciel, beaucoup des fondements de nos constitutions démocratiques, hérités d'un âge pré-technologique, semblent périmés.

Par exemple, quand tout le monde habitait la cité antique, la démocratie pouvait être directe. Elle est devenue « représentative » pour pouvoir changer d'échelle alors qu'on ne se déplaçait encore qu'à pied ou à cheval. Est-il toujours nécessaire d'élire des représentants alors que les distances ont été abolies par le numérique ? Si oui, en faut-il davantage ou moins qu'aujourd'hui ? Et pour quoi faire ? Tous ces paramètres du système mériteraient d'être revus et justifiés.

Autre exemple, celui du vote. On comprend bien que, avant de disposer d'ordinateurs pour compiler les résultats, il était compliqué de proposer des modes de scrutin plus malins que ceux d'aujourd'hui. Mais un mécanisme aussi essentiel au processus démocratique – qui légitime tout l'édifice – se doit d'évoluer avec le progrès scientifique et technique. L'archaïsme des modes de scrutin actuels, nous le verrons, insulte l'intelligence des électeurs et décrédibilise les résultats.

Dernier exemple, celui des partis politiques. À quoi servent-ils encore à l'heure du financement participatif ? Aujourd'hui, ce sont les candidats qui créent leurs partis plutôt que les partis qui créent les candidats.

Le chantier de la démocratie numérique est donc immense. Il est aussi impératif. Tout le monde sent bien que notre démocratie s'enfonce dans une crise profonde. En France, comme l'indique la figure 7.1, la défiance vis-à-vis du bon fonctionnement de la démocratie a dangereusement augmenté au cours de la dernière décennie. Autour du monde, selon l'observatoire Freedom House, la démocratie est en recul continu depuis douze ans : chaque année, le nombre de pays dans lesquels la démocratie s'est détériorée surpasse le nombre de pays dans lesquels elle s'est améliorée. L'écart n'a jamais été aussi grand qu'en 2017.[1]

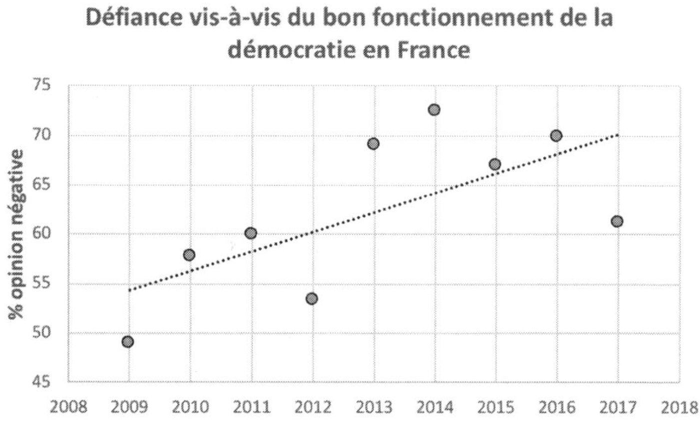

Figure 7.1 : Le pourcentage de réponses négatives des Français à la question : « Diriez-vous qu'en France la démocratie fonctionne très bien, assez bien, pas très bien ou pas bien du tout ? » La défiance a fortement augmenté depuis dix ans. On remarque tout de même un fléchissement notable des opinions négatives après chaque élection présidentielle (2012, 2017), comme l'expression d'un soulagement collectif. (Source des données : Cevipof – Baromètre de la confiance politique.)

1. Freedom House – Freedom In the World 2018.

Les jeunes ont bien compris le danger et, contrairement à leurs aînés, ils maîtrisent les outils numériques nécessaires pour proposer des solutions. La « *civic tech*[1] » est en ébullition. Nous pouvons compter sur le personnel politique pour suivre le mouvement, mais pas pour le mener. En tout cas, c'est maintenant que cela se passe. Pour moi, le but et la promesse de cette révolution de velours n'est pas tant de rendre la société plus démocratique que de rendre notre démocratie plus intelligente. C'est à cette aune que doivent être jugées les propositions de renouvellement du système.

Open Démocratie

À l'approche de la cinquantaine, le démon de la politique s'empara brièvement de moi. C'était en 2012, un peu avant l'élection présidentielle où François Hollande vainquit Nicolas Sarkozy, une époque à laquelle le duel droite-gauche remuait encore les foules. Pas moi, qui suis d'inclination plutôt indépendante et centriste. Cette année-là, ma conscience politique était agitée par autre chose : les « Français de l'étranger » étaient pour la première fois invités à élire des députés pour les représenter à l'Assemblée nationale.

Mon « étranger » à moi, c'est l'Amérique du Nord. J'ai été naturalisé citoyen des États-Unis en 1993, après douze ans de vie en Californie puis en Pennsyl-

1. Appellation à la mode regroupant les technologies numériques visant à encourager la participation citoyenne.

vanie, et c'est encore là que j'exerce depuis vingt ans la plus grande partie de mes métiers d'entrepreneur, consultant et chercheur. Depuis toujours, l'Amérique du Nord occupe une place privilégiée dans l'imaginaire français. Elle offre à beaucoup un espace de liberté qui leur donne l'envie, le courage et la possibilité de s'épanouir pleinement. Plus de 260 000 de nos compatriotes vivent et travaillent dans cette société dynamique au cœur de l'économie mondiale. Il me semblait que leur député devait leur permettre de jouer un rôle exceptionnel dans le débat national[1].

J'imaginais le député d'Amérique du Nord comme le vecteur d'un renouveau démocratique, le prototype d'un parlementaire 2.0 : soucieux de la diversité et de l'indépendance d'esprit de ses électeurs, il ne saurait être asservi à l'idéologie ou à la discipline d'un parti. Il devrait incarner une haute idée de la politique, celle qui ouvre les esprits aux mondes nouveaux et leur permet de défricher les champs du possible. Mais surtout, à l'ère des réseaux sociaux et de la multitude numérique, il devrait lier son action à l'intelligence collective de sa circonscription géante.

Au cœur de mon programme « Open Démocratie[2] » était cette idée simple : *pas de représentation sans participation*. La démocratie représentative était

1. Ce n'aurait pas été la première fois qu'un citoyen binational franco-américain aurait infiltré le cœur de la République. L'Américain Thomas Paine, l'un des pères fondateurs des États-Unis, naturalisé français par décret en 1792, fut élu dans la foulée député à la Convention (Pas-de-Calais).

2. Beaucoup d'électeurs inscrits au Québec me reprochèrent cet anglicisme.

déjà en crise : selon une étude du Cevipof de Sciences Po, seulement 17 % des Français pensaient alors que le personnel politique se préoccupait de ce qu'ils pensaient. Ce chiffre est toujours aussi bas aujourd'hui. Le renouveau devrait donc forcément passer par une prise en compte permanente de l'intelligence collective des citoyens. Quel que soit le problème que l'on voudrait résoudre au cours du mandat, ce ne serait qu'en sollicitant directement la créativité de chacun que l'on pourrait espérer trouver les meilleures solutions et emporter l'adhésion nécessaire à une action efficace. La principale préoccupation de l'élu devrait donc être de recueillir constamment, en temps réel, le meilleur de l'intelligence collective de la multitude qu'il représente, puis d'agir en conséquence dans ses propositions et ses votes. Une plateforme Internet, du type de celles que j'avais déjà si souvent mises en place dans des multinationales pour innover collectivement (voir le chapitre VI), pouvait facilement être détournée à cette fin. « La France, répétais-je sans relâche aux électeurs de ville en ville, la France a besoin de *votre* intelligence. »

Ce programme iconoclaste rencontra suffisamment d'enthousiasme, de Montréal à Miami, de New York à San Francisco, de Washington à Québec, pour, au terme d'une campagne éclair, me placer troisième au premier tour, avec 6,7 % des voix, derrière les apparatchiks du Parti socialiste et de feu l'UMP[1], mais devant quinze autres candidats.

1. Corinne Narassiguin (PS) fut largement élue au second tour contre Frédéric Lefebvre (UMP) en 2012. Son élection fut

L'idée de l'élu qui agit comme un simple vecteur de l'intelligence collective m'avait été soufflée en 2010 par un jeune entrepreneur et politologue turc installé au Danemark[1], lui-même inspiré par des expériences de démocratie directe menées en Suède depuis 2002 par le parti Demoex[2] (« Democracy Experiment »). En France, cette idée a été plus tard reprise et amplifiée par le collectif #MaVoix qui présenta 43 candidats lors des élections législatives de 2017, obtenant des scores entre 0,4 % et 1,5 %. C'est un début. Je crois au potentiel de cette façon de « hacker » la vénérable Assemblée nationale. C'est une manière pratique et *low cost* d'augmenter largement la représentation des Français dans l'hémicycle, sans pour autant devoir changer le nombre d'élus, ni attendre un changement de constitution. C'est une réforme que les électeurs peuvent déjà faire, par eux-mêmes, sans demander la permission du gouvernement ou des parlementaires en place. Il suffit de voter pour les candidats qui s'inscrivent dans cette démarche.

Cependant, il faut garder à l'esprit qu'augmenter la participation des citoyens au travail parlementaire n'aura qu'un effet marginal sur notre intelligence démocratique tant que le Parlement continuera à disposer de si peu de pouvoir par rapport à l'exécutif.

---

ensuite injustement invalidée pour avoir, en contravention de la loi électorale, tenu un compte en dollars pendant la campagne aux États-Unis (mes comptes de campagne furent invalidés pour la même raison). Frédéric Lefebvre lui succéda au terme d'une élection partielle un an plus tard.

1. https://youtu. be/B71E-HPOJ08
2. http://demoex.se/fr/

Un bug dans le scrutin

Au-delà d'une participation accrue, une autre façon d'augmenter notre QI démocratique serait de modifier nos modes de scrutin. En démocratie, le vote sert à agréger objectivement nos préférences. Le résultat est d'autant meilleur que le mode de scrutin sollicite fidèlement nos préférences, et qu'il les combine astucieusement ensuite pour extraire un consensus. Malheureusement, l'avis général des politologues et des mathématiciens qui s'intéressent au sujet est que les modes de scrutin les plus utilisés pour les élections les plus importantes, en France comme ailleurs, sont aussi les moins à même d'extraire la véritable préférence collective[1]. Les exemples de dysfonctionnements récents sont nombreux :

- L'élection présidentielle de 2002 annonçait un duel serré au second tour entre Jacques Chirac à droite et le socialiste Lionel Jospin. Mais quelques candidats mineurs de gauche siphonnèrent suffisamment de votes au premier tour pour empêcher Jospin de figurer au second. Chirac se retrouva donc face à un Jean-Marie Le Pen (extrême droite) qui n'avait rien à faire au second tour puisqu'il n'avait aucune chance de gagner.
- Lors de l'élection présidentielle de 2007, les sondages indiquaient que le centriste François

1. Voir par exemple : Balinski, M. et Laraki, R. (2012) *Jugement majoritaire vs. Vote majoritaire*. Cahier de recherche 2012-37.

Bayrou aurait battu en duel au second tour ses principaux adversaires, Nicolas Sarkozy à droite, ou Ségolène Royal à gauche. Ce candidat consensuel, acceptable par presque tous, mais premier choix de trop peu, n'eut pourtant pas l'opportunité de figurer au second tour.

- Aux États-Unis, lors de l'élection présidentielle de 1992, la candidature indépendante du milliardaire Ross Perrot vola la victoire à George H.W. Bush pour la donner à Bill Clinton, alors que les démocrates étaient minoritaires dans l'opinion.
- En 2000 (Bush vs. Gore), comme en 2016 (Trump vs. Clinton), le vainqueur de l'élection présidentielle américaine ne fut pas celui ou celle qui recueillit le plus de suffrages. Dans le cas de Trump, le déficit était de presque 3 millions de voix, ou plus de 2 % des suffrages exprimés.

Les raisons de ces *bugs* démocratiques sont différentes dans chaque cas, mais ils sont tous en partie imputables à des modes de scrutin qui ont été conçus pour atteindre d'autres objectifs que d'extraire fidèlement la préférence populaire.

Le scrutin uninominal à deux tours, utilisé en France, a été pensé afin d'éliminer rapidement les petits candidats et d'éviter la fragmentation des grands partis. On voulait ainsi privilégier la stabilité du système des grands blocs politiques plutôt que le reflet fidèle de l'opinion. Mais l'entourloupe n'était pas durable. En 2017, aucun des deux « grands » partis ne figura au second tour.

Aux États-Unis, le système centenaire du collège électoral a été conçu pour donner du pouvoir électif aux États, pas seulement au peuple dans son ensemble. Cela encourage les candidats à ne pas délaisser les intérêts des populations les plus isolées de l'Union. Aujourd'hui, ce système favorise les États dépeuplés du centre, plus conservateurs, aux dépens des États côtiers, plus progressistes. Pour choisir le président, la voix d'un électeur en Californie compte 2 fois moins que celle d'un électeur dans le Montana, et 3,5 fois moins que celle d'un électeur dans le Wyoming.

D'autres modes de scrutin sont régulièrement proposés. Les variantes sont nombreuses et souvent agréables à pratiquer. Leur première vertu est de donner plus de pouvoir d'expression aux électeurs. Avec le scrutin uninominal classique, on nous contraint à ne choisir qu'un seul candidat. Cela nous force à réduire une riche palette d'opinions sur les candidats en lice à un seul nom. C'est presque une entrave à la liberté d'expression. Cela ne permet pas de faire la différence entre un électeur qui trouve trois candidats acceptables et deux inacceptables, et un autre qui a une préférence très forte pour un seul candidat. Et si nous pouvions en choisir *plusieurs* ? Et si nous pouvions aussi en *rejeter* d'autres[1] ? Et si nous

1. La capacité des paris négatifs à faire émerger les meilleures idées a été discutée dans le chapitre précédent. La même logique s'applique à la sélection des meilleurs candidats lors d'une élection. Il est très difficile pour un électeur de juger de la qualité des candidats sur l'ensemble des compétences requises : économie, social, affaires étrangères ou militaires, culture, et autres. En

pouvions les *ordonner* par préférence, ou les *noter* sur 20 ? Toutes ces variantes permettent d'obtenir beaucoup plus de données pertinentes pour tenter d'identifier le candidat qui plaît au plus grand nombre, ou qui déplaît le moins. Toutes sont mathématiquement supérieures au mode de scrutin uninominal actuel.

Mais un problème gênant persiste. C'est que, étant donné les mêmes électeurs avec les mêmes préférences entre les mêmes candidats, des modes de scrutin à légitimités égales peuvent parfois conclure à des vainqueurs différents[1]. Quand les partisans d'un candidat perdant peuvent argumenter qu'il aurait gagné si un autre mode de scrutin avait été utilisé, la légitimité du vainqueur est fragilisée. « Not my president ! » ont beau jeu de crier les opposants à Donald Trump, élu par les « grands électeurs », au vu du surplus de presque 3 millions de voix qu'a obtenu sa rivale Hillary Clinton au suffrage populaire.

Tant que les mathématiciens, les politologues et les législateurs ne seront pas tombés d'accord sur un mode de scrutin qui serait objectivement toujours le meilleur pour extraire notre intelligence élective, nous ne pouvons que partir du principe que le résul-

---

revanche, il lui serait facile de recaler ceux qui sont gravement défaillants dans le domaine qu'il maîtrise le mieux. Les candidats qui survivraient à un tel filtre collectif seraient donc les mieux équipés pour nous gouverner.

1. Une démonstration amusante de cette confusion extrême, à partir d'une capsule du physicien Philippe Boulanger dans son émission scientifique « Archimède », est publiée dans une vidéo du site Web « Les statistiques expliquées à mon chat » : https://www.youtube.com/watch?v=vfTJ4vmIsO4

tat d'un vote, quel qu'il soit, n'est probablement pas optimal. La conclusion, décevante, est que même quand l'intelligence collective d'un groupe pourrait, par son vote, prendre la meilleure décision, le mode de scrutin retenu pourrait la fourvoyer.

Au problème de rendre la démocratie plus intelligente s'ajoute alors celui de permettre aux citoyens clairvoyants de s'assurer contre les mauvais choix des élus. Heureusement, il y a une solution conjointe aux deux problèmes.

Gouverner, c'est prévoir

Il y a plus de cent cinquante ans, le génial journaliste et homme politique Émile de Girardin[1] exprimait ainsi sa frustration vis-à-vis de l'imprévoyance chronique de la classe politique française : « Le calcul des probabilités, appliqué à la vie des nations, aux cas de guerre ou de révolution, est le fondement de toute haute politique. Selon que ce calcul est rigoureux ou faux, approfondi ou dédaigné, la politique est glorieuse ou funeste, grande ou petite. Gouverner, c'est prévoir. Ne rien prévoir, ce n'est pas gouverner, c'est courir à sa perte. »

Quand avez-vous entendu pour la dernière fois un responsable politique mentionner une probabilité pour justifier une décision ?

1. Inventeur de la presse moderne, féministe engagé, grand défenseur de la liberté de la presse et promoteur de la IIIe République avec Adolphe Thiers et Léon Gambetta.

Nos décideurs, qu'ils soient au gouvernement ou au Parlement, semblent manquer cruellement de prévisions fiables sur lesquelles fonder leurs décisions. Quand des prévisions sont mentionnées dans le débat démocratique, elles sont souvent faussées par l'idéologie ou la pensée magique. Si l'on se souvient un jour de Michel Sapin comme ministre des Finances, ce sera, peut-être injustement, pour cet échange révélateur avec le journaliste Jean-Jacques Bourdin en 2014[1] :

J.-J. BOURDIN : – Depuis des années, les gouvernements qui se succèdent ne font jamais les bonnes prévisions. J'ai regardé les chiffres. Depuis 2008 par exemple, les déficits sont 47 % plus élevés que les prévisions annoncées par les gouvernements successifs. Vos prévisions sont systématiquement trop optimistes.
M. SAPIN : – Si quelqu'un est capable de faire une prévision juste, je veux le rencontrer.
J.-J. BOURDIN : – Mais pourquoi sont-elles systématiquement optimistes ?
M. SAPIN : – Parce que c'était un objectif, une manière de faire en sorte que le budget rentre dans les rails.

La prévision étant essentielle à l'intelligence (chapitre V), il y a là une formidable opportunité d'améliorer le QI de notre démocratie. Il suffirait d'améliorer la quantité et la qualité des prévisions qui sont faites avant de prendre des décisions. Pourtant, le désarroi du ministre est justifié, car il est vrai que *personne* n'est

1. Quelques phrases et interruptions sont supprimées dans un souci de clarté. La transcription intégrale de l'interview est disponible ici : http://discours.vie-publique.fr/notices/143002335.html

« capable de faire une prévision juste » à tous les coups. Alors vers qui se tourner ? Si vous m'avez lu jusqu'ici, vous connaissez la réponse : vers *tout le monde*.

Quelle que soit la question, les experts ou autres observateurs avisés ne manquent pas sur le terrain. Pour solliciter et consolider leurs pronostics, les responsables politiques pourraient interroger systématiquement la sagesse collective des Français, *via* un marché prédictif citoyen. C'est le principe de la « prédictocratie » : une forme de démocratie qui repose largement sur la prévision collective afin de prendre des décisions politiques.

L'idée originale est de Robin Hanson[1], un professeur d'économie à l'université George Mason, et chercheur au Future of Humanity Institute de l'université d'Oxford. Grand théoricien des marchés prédictifs, il est l'un des intellectuels américains les plus visionnaires et pertinents de notre époque, mélangeant l'économie, l'intelligence artificielle, la physique, la psychologie et la philosophie en cocktails détonants.

Le moteur de la prédictocratie[2] est une forme particulière de marchés que Hanson appelle des « marchés de décision », car ils doivent permettre de faire un choix informé. Ce sont des paires de marchés : le premier permet de parier sur l'effet d'une décision *si* elle était prise. Le second permet de parier sur ce même effet si la décision n'était *pas* prise. La diffé-

1. Hanson, R. (2013) *Shall we vote on values, but bet on beliefs ?* The Journal of Political Philosophy, 21 : 2.

2. Hanson utilise plutôt le terme « futarchy », mais je préfère « prédictocratie », inventé plus tard par Michael Abramowicz (2007) pour parler essentiellement de la même chose.

rence entre les deux prévisions indique si la décision mérite d'être prise[1].

Par exemple, imaginons que nos parlementaires soient sollicités pour voter une « loi travail » regroupant une série de mesures censées favoriser l'emploi. Pour les aider à faire le bon choix, il faudrait créer deux marchés : le premier permettrait de parier sur le taux de chômage 24 mois plus tard dans le cas où la loi est votée. Le second permettrait de parier sur cette même variable dans le cas où la loi n'est *pas* votée. Si les marchés prévoient un taux de chômage suffisamment inférieur dans le cas où la loi est votée à celui où elle ne l'est pas, alors cela vaut la peine de la voter. Sinon, mieux vaut passer à autre chose.

Évidemment, le choix de la variable à prédire est stratégique. Prenons l'exemple d'une loi qui viserait à réduire la vitesse maximale autorisée sur les routes départementales. Elle pourrait à la fois avoir des effets positifs sur le nombre de victimes d'accidents, et des effets négatifs sur l'activité économique. Selon l'objectif sélectionné, la loi devrait être passée ou rejetée. Pour éviter ce genre de manipulations, Hanson préconise d'utiliser le même critère pour toutes les lois : ne retenir que celles que les marchés pressentent capables d'améliorer une mesure générale de bonne santé de la nation. Cela pourrait être simplement le PIB, ou un « PIB+ » qui mélange des indicateurs économiques et socioculturels, ou encore un pur « Indicateur du bonheur des Français » comme

1. Servan-Schreiber, E. (1999) *Spéculation sur une démocratie.com*, SVM, décembre 1999, (Voir le lien dans la bibliographie).

celui proposé par la Fabrique Spinoza. Est-ce que réduire la vitesse automobile, ou passer la « loi travail », tendrait plutôt à augmenter ou à déprimer le niveau global de bonheur des Français ? Demandons les prévisions fiables de l'intelligence supercollective avant de voter ou décréter les lois !

Le ministère des pronostics

Pour l'instant, l'aversion de notre personnel politique pour les prévisions est telle que, quelques mois après le passage mémorable de Michel Sapin chez Jean-Jacques Bourdin, la ministre du Travail de l'époque, Myriam El Khomri, s'indignait sur France Inter d'être interrogée sur l'évolution future de la courbe du chômage : « Je ne suis ni la ministre des statistiques mensuelles, ni celle des pronostics », répliqua-t-elle sèchement.

Sans s'en rendre compte, la ministre avait ce jour-là mis le doigt sur ce qui manque cruellement à notre démocratie : un ministère des pronostics ! Sa tâche serait d'organiser le grand marché prédictif citoyen où tous les Français seraient invités à parier sur les sujets qui relèvent de leur expertise de terrain. Avant de voter une loi ou de prendre une décision importante, le pronostic collectif sur l'efficacité de la mesure serait sollicité au travers des marchés de décision. Dans un premier temps, l'avis ne serait que consultatif, et les décideurs du gouvernement ou du Parlement continueraient de décider. Mais, une fois que le dispositif aurait fait ses preuves, les décisions pourraient être mécaniquement liées aux prévisions.

Par souci d'égalité, et afin que seul le mérite puisse acheter l'influence, chaque citoyen se verrait attribuer, une fois et une seule, à sa majorité, un pécule lui permettant de participer au marché. Ce serait idéalement de l'argent réel – quelques centaines d'euros –, mais cela pourrait aussi être des points virtuels échangeables contre quelques prestations ou avantages administratifs.

Chacun pourrait investir dans les pronostics de son choix, selon ses intérêts et expertises. Ceux qui perdraient tout leur capital seraient éliminés. Ainsi les manipulateurs, les idéologues, les imprudents et ceux qui parlent sans savoir feraient long feu. Les opinions des bons pronostiqueurs pèseraient en revanche de plus en plus lourd. Se constituerait au fur et à mesure une légion de pronostiqueurs d'élite entièrement vouée au service de l'intérêt national. Une légion d'honneur de l'anticipation.

En plus de fournir aux responsables politiques les meilleures prévisions possibles, le ministère des pronostics aurait aussi la vertu de responsabiliser les citoyens vis-à-vis des décisions politiques prises en leurs noms par leurs élus :

1) En *récompensant* ceux dont les prévisions ont encouragé les décideurs à prendre les bonnes décisions.
2) En *dédommageant* ceux dont les prévisions justes ont été ignorées par les décideurs au profit de mauvaises décisions.

3) En *pénalisant* ceux dont les prévisions ont découragé les décideurs de prendre les bonnes décisions, ainsi que ceux dont les prévisions ont encouragé les décideurs à prendre les mauvaises décisions.

Le destin du monde

La démocratie a toujours été une affaire d'intelligence collective : comment faire, ensemble, les meilleurs choix pour notre société. Mais nos modes de représentation, de vote et de décision, hérités d'un autre âge, sont devenus obsolètes. Pire, ils sont en tel décalage avec le quotidien personnel et professionnel des citoyens ultra-connectés qu'ils créent une frustration croissante. N'est-ce pas aussi pour cela que la démocratie recule presque partout ?

Le numérique, l'intelligence artificielle, les *big data* et les réseaux permettent aux nouveaux autocrates de modeler et de contrôler les cerveaux des peuples de façon beaucoup plus efficace et insidieuse que les dictateurs d'antan. Les plus grandes autocraties, comme la Russie et la Chine, se targuent ouvertement de proposer un modèle alternatif de bonne gouvernance, un « nouveau chemin » selon le président Xi Jinping. La Chine investit massivement dans l'intelligence artificielle avec l'objectif déclaré de tenter de faire fonctionner l'utopie d'une économie ultra-planifiée grâce aux algorithmes et à une puissance de calcul supérieure, reléguant ainsi le capitalisme de marché et sa « main invisible » aux poubelles de l'Histoire[1].

Mais, dans le combat épique qui s'engage contre les nouvelles dictatures, les démocraties disposent d'une arme puissante et exclusive que l'adversaire n'osera jamais utiliser : l'intelligence supercollective, rendue possible par ces mêmes technologies numériques. C'est elle qui peut permettre à nos démocraties de vaincre par une intelligence supérieure. Nos responsables politiques doivent accepter de jouer plus collectif avec les citoyens. Comme dirait le Général, « le destin du monde est là ».

---

1. Xiang, F. (2018) *AI will spell the end of capitalism*. Washington Post, 3 mai 2018.

ÉPILOGUE

L'intelligence collective de l'humanité est à l'œuvre depuis des millions d'années. Mais ce n'est que depuis peu – en fait depuis l'avènement du Web dans les années 1990 – que la science et la technologie ont pu enfin s'en emparer. Ce sera, comme à chaque fois que l'homme apprend à maîtriser une nouvelle technologie, pour le pire ou pour le meilleur ; probablement pour les deux. Il nous incombe d'œuvrer pour en développer le potentiel lumineux.

Depuis presque vingt ans, je m'efforce de mettre en pratique, dans le domaine public ou dans les entreprises, ce que l'on découvre progressivement sur les manières d'organiser un grand nombre d'intelligences pour en extraire le meilleur au bénéfice de tous. Mes associés et moi créons des intelligences collectives, comme d'autres programment des intelligences artificielles. L'émerveillement devant le résultat est du même ordre. Souvent, nos quêtes se rejoignent, car l'IA est soluble dans l'IC, et inversement.

Avec ce livre j'ai voulu partager l'essentiel de ce que j'ai appris ou découvert le long du chemin, accompagné et nourri par la multitude d'hommes et de femmes, autour du monde, qui ont contribué au fil des années à nos plateformes d'intelligence collective. Chacun des résultats scientifiques ou pratiques que j'ai présentés a été pour moi une surprise ou une révélation. Puissent-ils en inspirer d'autres et les inciter à rejoindre cette fantastique aventure scientifique, technologique, et surtout humaine, qu'est l'organisation de nos intelligences !

En résumé

Le premier chapitre a mis en parallèle le progrès de l'humanité au cours de sa longue histoire avec quelques brusques accélérations de son intelligence collective. Plus nos cerveaux se sont rapprochés les uns des autres, dans des villages, puis dans des villes, plus nous avons innové et progressé rapidement. Le numérique, en multipliant les connexions immédiates entre nous tous, crée les conditions d'une nouvelle accélération de l'intelligence, en mode supercollectif. Les possibilités sont immenses, le danger aussi. Car l'intelligence collective n'est pas qu'une question de nombre, c'est surtout une question d'organisation. Une mauvaise organisation pourrait détruire la promesse du grand nombre se gouvernant par l'intelligence et rapprocher d'autant la menace toujours présente d'une extinction.

Le chapitre II a montré que les groupes sont des entités pensantes avec un QI, mesurable, qui leur est propre. Le QI d'un groupe émerge non pas des QI de ses membres, mais de leur intelligence émotionnelle. C'est la qualité des connexions qui fait l'intelligence du réseau.

Le chapitre III a changé d'échelle pour décrire la capacité des foules à être plus intelligentes que ceux qui les composent. On a soulevé le capot pour comprendre la mécanique, et on y a appris une recette simple mais stricte pour fabriquer de l'intelligence plutôt que de la pensée unique : diversité des opinions, décentralisation des sources, indépendance d'esprit et synthèse objective.

Le chapitre IV a proposé que la recette de l'intelligence collective décrive un principe fondamental de l'intelligence en général, qu'elle soit collective, individuelle ou artificielle. Qu'il s'agisse de réseaux d'individus, de neurones ou de données, l'intelligence est toujours collective. Cela implique que tout progrès vers *plus* d'intelligence, que ce soit celle d'une civilisation, d'une organisation, d'un ordinateur ou d'un individu, passe par plus de collectif. Tant que l'on en respecte la recette.

Les réseaux de neurones et le *deep learning* nous ont enseigné que la prévision est la fonction essentielle de l'intelligence. Et si le supercollectif permettait de repousser les limites de la prévision ? C'est la thèse du chapitre V sur les « marchés prédictifs », sortes de boules de cristal 2.0 aux performances étonnantes, supérieures à celles des sondages d'opinion, des experts attitrés ou des modèles *data*. Les agences de renseignement américaines en raffolent.

Le chapitre VI a présenté l'intelligence supercollective en action dans les entreprises. Pour surveiller un projet stratégique, mieux prévoir les ventes, accélérer l'innovation, emporter l'adhésion ou lever les blocages, le supercollectif remet du génie dans le moteur.

Enfin, le chapitre VII a donné des pistes pour revitaliser nos démocraties et surtout les rendre plus efficaces. Face au retour en force d'autocrates armés de *big data* et d'intelligence artificielle, l'enjeu est de taille. Il ne faut plus de représentation sans participation, et les modes de scrutin archaïques doivent être mis à jour. Mais une meilleure gouvernance requiert surtout de meilleures prévisions : bienvenue en prédictocratie ! À quand un ministère des Pronostics qui impliquerait tous les citoyens dans un grand marché prédictif national ? La France a besoin de cette superintelligence.

Extension du domaine du moi

Mais revenons, pour conclure, à l'échelle individuelle, car c'est toujours là que le changement doit commencer. On pense le plus souvent à l'intelligence collective comme à une sorte de démarche altruiste, un don de soi au bien commun. Le mot « collectif » lui-même en effraie certains, tant il évoque la perte d'une certaine individualité, particulièrement prisée dans nos cultures occidentales. Mais le collectif est le contraire du collectivisme !

D'une part, on a vu que l'intelligence collective repose entièrement sur la diversité des opinions, l'indépendance d'esprit et la décentralisation. C'est l'inverse de l'oubli de soi.

D'autre part, à titre individuel, on peut aisément faire siens les bénéfices de l'intelligence collective. Par exemple, à défaut de pouvoir augmenter ma capacité cérébrale ou mon QI, je peux me doter d'une intelligence supérieure en mobilisant celle de mon réseau social. Il me suffit, avant de faire des choix importants, de systématiquement demander l'avis des autres, et surtout de ceux qui ont probablement un point de vue différent. Au mieux, j'apprendrai quelque chose d'utile. Au pire, les biais cognitifs des autres m'aideront à neutraliser les miens. À tous les coups je gagne !

Malheureusement, cela demande de l'entraînement, parce que le fait de demander conseil aux autres est tout sauf naturel. Raul Valdes-Perez, un ancien élève d'Herbert Simon, a recensé toutes les raisons pour lesquelles on évite si souvent de le faire[1]. Voici, à mon avis, les dix moins bonnes, mais qui ne sont pas les moins fréquentes :

- On n'y pense pas.
- On croit que le fait de demander conseil est un signe de faiblesse.

1. Valdez-Perez, R. (2012) *Advice is for winners : How to get advice for better decisions in life and work.* Ganador Press.

- Par tempérament, on préfère faire et agir plutôt que réfléchir.
- On préfère être libre de faire ses propres erreurs.
- On ne veut pas se sentir obligé de suivre les conseils reçus.
- On ne souhaite pas partager le mérite de nos bons choix avec un conseiller.
- On pense que la situation est tellement inédite que personne n'aura de conseil utile.
- Quand on est jeune, on sous-estime la valeur de l'expérience des plus âgés.
- Le sujet est trop confidentiel pour être partagé avec un conseiller.
- On ne sait pas comment gérer des conseils contradictoires ; on craint de se retrouver à l'arrivée avec plus de questions qu'au départ.

Pourtant, quand on fait l'effort de solliciter l'avis des autres, les bénéfices sont appréciables. Des chercheurs ont demandé à des sujets dans leur laboratoire de deviner la date d'un événement historique ou le contenu calorique d'un aliment : une première estimation indépendante, puis une seconde après avoir vu les réponses d'autres personnes choisies au hasard. La seconde estimation était typiquement 16 à 20 % plus proche de la bonne réponse[1].

---

1. Yaniv, I. (2004) *Receiving other people's advice : Influence and benefit.* Organisational Behavior and Human Decision Processes, 93, et Yaniv, I. et Choshen-Hillel, S. (2011) *Exploiting the wisdom of others to make better decisions : Suspending judgment reduces egocentrism and increases accuracy.* Journal of Behavioral Decision Making, 25.

Et même en l'absence d'interlocuteurs externes, il est possible de me considérer moi-même comme un groupe, car mes opinions les moins fermement établies peuvent souvent varier. À la même question, par exemple : « Quel est le pourcentage d'aéroports français en Europe ? », chacun (à moins d'être expert) est susceptible de donner des réponses différentes d'un jour à l'autre. Or la moyenne des deux réponses décalées dans le temps a toutes les chances d'être plus proche de la réalité. C'est un effet « sagesse des foules » à l'intérieur d'un seul cerveau[1] !

La leçon ? En abandonnant l'idée cartésienne que je suis un cerveau indivisible, individuel et cohérent – *je pense, donc je suis* –, en m'acceptant plutôt comme un agrégateur du collectif, je deviens plus intelligent : *Je pense comme plusieurs, donc je suis meilleur.*

L'intelligence supercollective commence là.

1. Vul, E. et Pashler, H. (2008) *Measuring the crowd within : Probabilistic representations within individuals.* Psychological Science, 19 : 7.

Bibliographie

Abramowicz, M. (2007) *Predictocracy*. Yale University Press.

Akim, N., Dix, A., Katifori, A., Lepouras, G., Shabir, N., Vassilakis, C. (2011) *Spreading Activation for Web Scale Reasoning : Promise and Problems*. Proceedings of WebSci'11, Koblenz.

Anderson, J.R. (2007) *How can the human mind occur in the physical universe ?* Oxford University Press.

Armstrong, J.S. (2001) *Combining Forecasts*. Dans Armstrong, J.S. (ed.) *Principles of Forecasting : A Handbook for Researchers and Practitioners*. Kluwer Academic Publishers.

Arrow, K., *et al.* (2008), *The Promise of prediction markets*, Science, 320.

Atanasov, P. et Joseph R. (2016) *Which election forecast was the most accurate ? Or rather : The least wrong ?* Washington Post, 30 novembre 2016.

Atanasov, P., Rescober, P., Stone, E., Swift, S., Servan-Schreiber, E., Tetlock, P., Ungar, L. et Mellers, B. (2017) *Distilling the wisdom of crowds : prediction markets vs. prediction polls*. Management Science, 63 : 3.

Balinski, M. et Laraki, R. (2012) *Jugement majoritaire vs. Vote majoritaire*. Cahier de recherche 2012-37.

Baron-Cohen, S., Bowen, D., Holt, R., Allison, C., Auyeung, B., Lombardo, M., Smith, P. et Meng-Chuan, L. (2015)

The "Reading the Mind in the Eyes" test : Complete absence of typical sex difference in 400 men and women with autism. PLoS ONE, 10 : 8.

Berg, J., Nelson, F. et Rietz T. (2008) *Prediction market accuracy in the long run.* International Journal of Forecasting, 24 : 2.

Binet, A. et Simon, T. (1905) *Méthodes nouvelles pour le diagnostic du niveau intellectuel des anormaux.* L'Année psychologique, 11.

Bostrom, N. (2017) *Superintelligence.* Dunod.

Broca, P. (1865) *Sur le siège de la faculté du langage articulé.* Bulletin de la Société d'anthrophologie, 6.

Brandy, G. (2016) *Nate Silver, l'oracle de la politique américaine qui n'a pas vu venir Trump.* Slate.fr.

Buss, D. (1994) *Les Stratégies de l'amour.* InterEditions.

Buss, D. *et al.* (1990). *International preferences in selecting mates : A study of 37 cultures.* Journal of Cross-Cultural Psychology, 21.

Condorcet, N. (1785) *Essai sur l'application de l'analyse à la probabilité des décisions rendues à la pluralité des voix.* Hachette BNF, 2016.

Cottrell, R. (2007) *The future of futurology*, The Economist – The World in 2008.

Cowgill, B., Wolfers, J., Zitzewitz, E. (2009) *Using Prediction Markets to Track Information Flows : Evidence from Google.* Dans Das, S., Ostrovsky, M., Pennock, D., Szymanksi, B. (eds) *Auctions, Market Mechanisms and Their Applications.* AMMA 2009, Lecture Notes of the Institute for Computer Sciences, Social Informatics and Telecommunications Engineering, 14, Springer.

Cowgill, B. et Zitzewitz, E. (2015) *Corporate prediction markets : Evidence from Google, Ford, and Firm X.* The Review of Economic Studies, 82 : 4.

De Long, J.B. (1998) *Estimates of World GDP, One Million B.C. – Present.* Unpublished manuscript.

Dennett, D. (2018) *From bacteria to Bach and back : The evolution of minds.* Norton.

Dezso, C. et Ross, D. (2008) *Girl power : Female participation in top management and firm performance*. Robert H. Smith School Research Paper, No. RHS 06-104.

Engel, D., Woolley, A., Jing L., Chabris C., Malone, T. (2014) *Reading the Mind in the Eyes or Reading between the Lines ? Theory of Mind Predicts Collective Intelligence Equally Well Online and Face-To-Face*. PLoS ONE, 9 : 12.

Erikson, R. et Wlezien, C. (2012) *Markets vs. Polls as election predictors : an historical assessment*. Electoral Studies, 31.

Ferrucci, D, *et al.* (2010) *Building Watson : An overview of the Deep QA Project*. AAAI Magazine, Fall 2010.

Galton, F. (1907) *Vox Populi*. Nature, 75.

Galton, F. (1878) *Composite Portraits*. Nature.

Hanson, R. (2016) *The Age of Em : work, love and life when robots rule the earth*. Oxford University Press.

Hanson, R. (2013) *Shall we vote on values, but bet on beliefs ?* The Journal of Political Philosophy, 21 : 2.

Hanson, R., Oprea R. et Porter D. (2006) *Information aggregation and manipulation in an experimental market*. Journal of Economic Behavior & Organization, 60.

He, K., Zhang, X., Ren, S. et Sun, J. (2016), *Identity mappings in deep residual networks*. arXiv preprint arXiv : 1603.05027.

He, K., Zhang, X., Ren, S. et Sun, J. (2015) *Deep residual learning for image recognition*. arXiv preprint arXiv : 1512.03385.

Heilman, K., Scholes, R. et Watson, R. (1975) *Auditory affective agnosia. Disturbed comprehension of affective speech*. Journal of Neurology, Neurosurgery, and Psychiatry, 38.

Holmes, J. (1998) *Women talk too much*. Dans Bauer, L. et Trudgil, P. (eds), *Language Myths*. Penguin Books.

Hopman, J. (2006) *Using forecasting markets to manage demand risk*. Intel Technology Journal, 11 : 2.

Ignatius, D. (2013) *More chatter than needed*. Washington Post, 1er novembre 2013.

Jacobson, J., Dobbs-Marsh, J., Liberman, V. et Monson, J. (2011) *Predicting civil jury verdicts : How attorneys use (and misuse) a second opinion*. Journal of Empirical Legal Studies, 8(51).

Kasparov, G. et Greengard, M. (2017) *Deep Thinking*. John Murray.

Kaufman, S. (2014) *What do IQ tests test ? Interview with psychologist W. Joel Schneider*. Scientific American.

Klein, M. et Garcia, A. (2015) *High-speed idea filtering with the bag of lemons*. Decision Support Systems, 77.

Kline, M. et Boyd, R. (2010) *Population size predicts technological complexity in Oceania*. Proceedings of the Royal Society.

Lang, M., Bharadwaj, N. et Di Benedetto, C.A. (2016) *How crowdsourcing improves prediction of market-oriented outcomes*. Journal of Business Research, 69.

Langlois, J. et Roggman, L. (1990) *Attractive faces are only average*. Psychological Science, 1 : 2.

Larrick, R. et Sol, J. (2006) *Intuitions about combining opinions : misappreciation of the averaging principle*. Management Science, 52.

Le Bon, G. (1895) *Psychologies des foules*. PUF, 1963.

Levine, S., Apfelbaum E., Bernard, M., Bartelt, V., Zajac, E. et Stark, D. (2014) *Ethnic diversity deflates price bubbles*. Proceedings of the National Academy of Science, 11 : 52.

Mauboussin, M. (2012) *The Success Equation : Untangling skill and luck in business, sports, and investing*. Harvard Business Review Press.

Moss Kanter, R. (1977) *Men and women of the corporation*. BasicBooks.

Page, S. (2007) *The Difference : How the power of diversity creates better groups, firms, schools, and societies*. Princeton University Press.

Pennock, D. (2007) *The Wisdom of the Probability Sports Crowd*. Oddhead Blog.

Pennock, D., Lawrence, S., Giles, C. et Nielsen, F.A. (2001) *The real power of artificial markets*. Science, 291 : 5506.

Pennock, D., Lawrence, S., Nielsen, F. et Giles, C. (2001) *Extracting collective probabilistic forecasts from web games*. Proceedings of the 7th ACM SIGKDD International Conference on Knowledge Discovery and Data Mining.

Pochon, J., Levy, R., Fosati, P., Lehericy, S., Poline, J., Pillon, B., Le Bihan, D. et Dubois, B. (2002) *The neural system that bridges reward and cognition in humans : an fMRI study*. Proceedings of the National Academy of Sciences, 99 : 8.

Plott, C. et Chen, K. (2002) *Information aggregation mechanisms : concept, design and implementation for a sales forecasting problem*. Working paper, California Institute of Technology.

Powell, A., Shennan, S. et Thomas, M. (2009) *Late Pleistocene demography and the appearance of modern human behavior*. Science, 324.

Ren, T. et Wang, Z. (2010) *Female participation in TMT and firm performance : evidence from Chinese private enterprises*. Nankai Business Review, 13 : 5.

Rhode, P. et Strumpf, K. (2004) *Historic presidential betting markets*. Journal of Economic Perspectives, 18 (Spring).

Robertson, L. et Lamb, M. (1991) *Neuropsychological contributions to theories of part/whole organization*. Cognitive Psychology, 23.

Ross, E. (1981) *The aprosodias : Functional-anatomic organization of the affective components of language in the right hemisphere*. Archives of Neurology, 38.

Ruiz-Jiménez, J. et del Mar Fuentes-Fuentes, M. (2016) *Management capabilities, innovation, and gender diversity in the top management team : an empirical analysis in technology-based SMEs*. Business Research Quarterly, 19.

Servan-Schreiber, E. (2017) *Debunking three myths about crowd-based forecasting*. Collective Intelligence 2017, NYU Tandon.

Servan-Schreiber, E. (1999) *Spéculation sur une démocratie.com*. SVM, décembre 1999. Téléchargeable depuis https://hypermind.com/hypermind/media/pdf/svm-democratie.pdf

Servan-Schreiber, E. et Atanasov, P. (2015) *Hypermind vs. Big Data : Collective intelligence still dominates electoral forecasting*. Collective Intelligence, Santa Clara.

Servan-Schreiber, E. et Levy, B. (1997) *Les Secrets de l'intelligence*. Hypermind/Ubisoft.

Servan-Schreiber, E., Wolfers, J., Pennock, D. et Galebach, B. (2004) *Prediction markets : does money matter ?* Electronic Markets, 14 : 3.

Silver, D. *et al.* (2017) *Mastering the game of Go without human knowledge*. Nature, 550.

Simon, H. (1991) *Models of my life*. Basic Books.

Simon, H. (1969) *Les Sciences de l'artificiel*. Folio Essais, 2004.

Smith, N., Smith, V. et Verner, M. (2006) *Do women in top management affect firm performance ? A panel study of 2500 Danish firms*. International Journal of Productivity and Performance Management, 55 : 7.

Spearman, C. (1904) *General Intelligence, Objectively Determined and Measured*. The American Journal of Psychology 15 : 2.

Surowiecki, J. (2004) *La Sagesse des foules*. J-C Lattès, 2007.

Surowiecki, J. (2003) *Decisions, Decisions*. The New Yorker, 24 mars 2003.

Tetlock, P. (2005) *Expert Political Judgment : How good is it ? How can we know ?* Princeton.

Tetlock, P. et Gardner, D. (2015) *Superforecasting : The art and science of prediction*. Crown.

Tom, S., Fox, C., Trepel, C. et Poldrak, R. (2007) *The neural basis of loss aversion in decision-making under risk*. Science, 315 : 5811.

Valdez-Perez, R. (2012) *Advice is for winners : How to get advice for better decisions in life and work*. Ganador Press.

Vei, A., Wilber, M. et Belongie, S. (2016) *Residual networks behave like ensembles of relatively shallow networks*. arXiv preprint arXiv : 1605.06431.

Vul, E. et Pashler, H. (2008) *Measuring the crowd within : Probabilistic representations within individuals*. Psychological Science, 19 : 7.

Wernicke, C. (1908) *The symptom-complex of aphasia*. Dans Church, A. (ed.) *Diseases of the Nervous System*. Appleton.

Woolley, A. et Malone, T. (2011) *Defend your research : What Makes a Team Smarter ? More Women*. Harvard Business Review, June 2011

Woolley, A., Chabris, C., Pentland, A. Hashmi, N. et Malone, T. (2010) *Evidence for a collective intelligence factor in the performance of human groups*. Science, 330 : 6004.

Xiang, F. (2018) *AI will spell the end of capitalism*. Washington Post, 3 mai 2018.

Yaniv, I. (2004) *Receiving other people's advice : Influence and benefit*. Organisational Behavior and Human Decision Processes, 93.

Yaniv, I. et Choshen-Hillel, S. (2011) *Exploiting the wisdom of others to make better decisions : Suspending judgment reduces egocentrism and increases accuracy*. Journal of Behavioral Decision Making, 25.

Remerciements

Je voudrais d'abord remercier ceux qui m'ont formé aux sciences de l'information et de l'intelligence. En premier lieu, Stanley Warford, l'excellent professeur d'informatique à Pepperdine University qui m'enseigna le Pascal et le respect infini des points-virgules. La première fois que je fis apparaître les mots « Hello world ! » sur l'écran d'un Terak 8510/a fut un grand moment d'émotion. Plus tard, à Carnegie Mellon, j'eus la chance de suivre le cours de James McClelland sur les réseaux de neurones, et celui de Geoffrey Hinton sur l'intelligence artificielle. (Ce dernier n'accorda qu'un B+ à mon projet final parce que je l'avais rendu en retard ; mon éditrice me reconnaîtra bien là !) Les cours d'Herbert Simon et de John R. Anderson sur la psychologie cognitive étaient si époustouflants qu'ils me décidèrent à poursuivre un doctorat dans cette discipline plutôt qu'en IA. C'est sous leur direction, avec Allen Newell, que je plongeai alors avec délice dans les méandres du cerveau, à la recherche des algorithmes de la pensée. Des rencontres ultérieures avec Rodney Brooks, Jean-Pierre Changeux, Jonathan D. Cohen, Eric Kandel, Stephen Kosslyn, Rodolfo Llinas, Michael Posner et Daniel Schacter, au cours de la réalisation de mon cédérom *Les Secrets de l'intelligence* (avec Bruno Levy), parachevèrent mon éducation formelle sur les intelligences humaines et artificielles. Depuis, j'ai la bonne fortune de pouvoir continuer à discuter régulièrement de ces sujets avec Axel Cleeremans, Stéphane Mallat et Benoit Mulsant. Nos liens d'amitié, anciens et profonds, et leurs lumières, brillantes, me sont chers.

Ce livre doit énormément au génial Robin Hanson. J'étais journaliste scientifique à *Science & Vie Micro* (merci, Anne Pichon) quand je suis tombé pour la première fois, en 1999, sur un article de Robin dans *IEEE Intelligent Systems*[1]. Il y faisait des propositions pour améliorer la démocratie avec des marchés prédictifs (voir chapitre VII). Les idées de Robin me firent un tel effet que, juste après avoir écrit un article sur lui[2], je quittais le magazine pour créer un premier marché prédictif : NewsFutures. Presque vingt ans plus tard, mes associés et moi continuons de développer des systèmes inspirés par la vision de Robin, notamment Hypermind. Mon éducation en intelligence collective fut ensuite principalement acquise sur le terrain, en créant et en analysant différentes formes de marchés prédictifs dans les entreprises ou en association avec divers médias en France

1. Hanson, R. (1999) *Decision markets*. Op. cit.

2. Servan-Schreiber, E. (1999) *Spéculation sur une démocratie.com*. Op. cit.

(*Libération*, *Le Nouvel Observateur*, *Le Figaro*, *Le Point*, *Science & Vie*), aux États-Unis (*USA Today*, *MIT Technology Review*), en Hongrie (*HVG*), et en Hollande (*De Volkskant*). Grâce à ma formation de chercheur, j'ai eu l'occasion de collaborer ou de discuter en profondeur avec des savants remarquables dont les analyses, théories et découvertes m'ont irrigué la cervelle : Pavel Atanasov, Gérald Bronner, Mark Klein, Tom Malone, Barbara Mellers, David Pennock, Scott Page, David Rothschild, James Surowiecki, Philip Tetlock et Justin Wolfers. L'intérêt que portent au sujet Jason Matheny et Seth Goldstein, de l'agence IARPA, m'a permis d'être impliqué depuis 2012 dans des programmes de recherche ambitieux (ACE, puis HFC), où je peux continuer d'apporter ma modeste contribution au progrès scientifique.

Je dédie le livre à mon associé Maurice Balick, frère de sang et compagnon irremplaçable de fortune et d'infortune depuis la conception de News-Futures il y a presque vingt ans. Il n'y a pas une idée dans ce livre dont je n'ai longuement discuté avec lui. Je dois aussi beaucoup à mes autres compères chez Lumenogic : Abe Medawar, Edward Rhoads et Marc Schilling. Nous avons accompli de belles choses ensemble, dont plusieurs sont racontées ici. Maxime Cartan a largement contribué au développement d'Hypermind avant de poursuivre son aventure dans sa propre start-up.

Mathieu Laine nous a aidés à créer et promouvoir Hypermind avec l'énergie, l'intelligence et la générosité qui ont fait sa légende. Je remercie Étienne Gernelle et Sébastien Le Fol d'avoir permis à notre marché prédictif de canaliser l'intelligence collective des lecteurs du *Point*.

Les prévisions et analyses des milliers de participants à Hypermind sont pour moi une source d'inspiration quotidienne. Les succès du marché prédictif décrits dans les chapitres V et VI sont les leurs.

L'idée de ce livre est née à la suite d'une première conférence « grand public » que j'ai donnée en 2014 à l'École militaire de Paris pour l'ANAJ-IHEDN, à l'invitation de son président à l'époque, François Mattens. Elle fut ensuite enrichie et raffinée au cours d'une dizaine d'autres conférences données en France et aux États-Unis, notamment à l'invitation de Bertrand Badré (Banque mondiale), Maria Guadalupe (Insead), Thierry Malleret (Chamonix Get Together), Jean-François Mazaud (Société générale Private Banking), Nadia Nardonnet (PreformanSe) et André Rossinot (Grand Nancy). C'est à l'incitation amicale de Patrice van Eersel, en 2017, que je suis finalement passé à l'acte. Impossible de résister à l'enthousiasme de Sophie de Closets, chez Fayard.

Ma fille Nina, 19 ans, a fait un énorme travail d'édition sur la forme et le contenu de la première version de chaque chapitre, avec une sévérité qui m'a un peu surpris au début, mais que j'ai rapidement appris à savourer. Ma fille Roxane, 10 ans, a contribué à l'organisation des chapitres II et III en m'obligeant à les mettre en forme avec elle pour un exposé dans sa classe de CM2 – avec félicitations de la maîtresse ! Mes frères Édouard et Franklin ont offert des corrections et des suggestions stratégiques sur différents chapitres, ainsi que Pierre Baratçabal.

Enfin, ma chère éditrice Sophie Kucoyanis a été une coach formidable, avec quelques interventions décisives, en fin de processus, sur la cohérence de l'ensemble.

Je suis redevable à Valérie Solvit pour ses encouragements permanents, sa générosité bienveillante, et ma découverte tardive du visionnaire Émile de Girardin. Je remercie Anne Fulda pour l'intérêt qu'elle a su montrer pour mes idées au moment où il le fallait pour me convaincre qu'elles méritaient d'être plus largement diffusées.

Le collectif est mon milieu naturel ; je suis né dans un groupe, entouré de trois frères et d'une quinzaine de cousins et cousines intimes dans un large clan, aussi dense qu'ouvert sur le monde. Si j'ai développé le réflexe de faire confiance à l'intelligence des autres, c'est grâce à eux tous. Famille, tu m'inspires.

Ma tante et marraine Bernadette Gradis a toujours été d'une aide précieuse et efficace dans les moments compliqués de la vie qui risquent de faire dérailler les projets professionnels, y compris celui-ci.

Mon fils Samuel, 9 ans, m'a prodigué les câlins qu'il fallait aux moments opportuns. Ayant pris l'habitude de s'endormir sur le canapé de mon bureau quand je continuais à écrire tard dans la nuit, sa respiration paisible m'aidait à rester concentré.

Laurence Debray, ma chère épouse, m'aide à réaliser quotidiennement que nous sommes plus intelligents ensemble que chacun de son côté, et ce d'autant plus quand nous voyons les choses différemment. Puisse-t-elle me pardonner les moments d'absence et d'égoïsme qui ont jalonné l'écriture de ce livre.

À moins qu'elle ne se venge en s'attelant à son tour à l'écriture d'un autre ouvrage ? Je le souhaite à ses lecteurs.

Mon père, Jean-Jacques, m'a inculqué l'idée que l'intelligence est la plus précieuse des ressources, mais « qu'il n'y a pas une très grande distinction entre réfléchir et rêver ; tout cela veut dire penser ». Si ce livre aide quelques-uns à penser l'avenir, ce sera aussi un peu grâce à lui.

Paris, septembre 2018

Table des matières

Composition et mise en pages
Nord Compo à Villeneuve-d'Ascq

PAPIER À BASE DE FIBRES CERTIFIÉES

Fayard s'engage pour l'environnement en réduisant l'empreinte carbone de ses livres.
Celle de cet exemplaire est de :
0,700 kg éq. CO_2
Rendez-vous sur
www.fayard-durable.fr

36-1514-4/01
Dépôt légal : octobre 2018
Imprimé en Espagne par Industria Gráfica Cayfosa